AF359401

Notes Historiques

SUR LE

SÉMINAIRE SAINT-IRÉNÉE

3ᵐᵉ FASCICULE

Les Prieurés de Firminy et de Chandieu

LYON

IMPRIMERIE A. WALTENER ET Cⁱᵉ

14, Rue Belle-Cordière, 14

1884

Notes historiques

SÉMINAIRE SAINT-IRÉNÉE

APPENDICE

LES PRIEURÉS DE FIRMINY ET DE CHANDIEU

E rôle utile que ces deux bénéfices ont rempli dans la vie du Séminaire jusqu'à la Révolution mérite que nous leur consacrions une notice spéciale. A la rigueur, pour acquitter envers eux notre dette de reconnaissance, il nous suffirait de raconter leurs relations avec les Supérieurs de Saint-Irénée. Toutefois, il nous est agréable et il nous semble utile de remonter plus haut et jusqu'à l'origine de ces prieurés, soit pour signaler différentes erreurs qui ont été commises à leur sujet, soit pour offrir notre modeste contingent de notes et d'indications aux érudits qui voudront un jour (ce travail en vaut la peine) composer ˮhis-toire de Firminy et de Chandieu.

CHAPITRE PREMIER

FIRMINY

N seul auteur, que nous sachions, M. de la Tour-Varan, alors bibliothécaire de la ville de Saint-Étienne, a publié une monographie de Firminy, sa patrie, dans ses *Etudes historiques sur le Forez — Chronique des Châteaux et des Abbayes* (2ᵉ vol., pp. 4-175), *Saint-Étienne, 1857.* A côté de cet ouvrage, nous ne citons que pour mémoire, sans le faire entrer en ligne de compte, l'article consacré à Firminy par M. Th. Ogier, dans la collection qui a pour titre : *La France par cantons et par communes* (arrondissement de Saint-Étienne, pp. 166-173) : c'est un simple résumé, aussi court que médiocre, de l'étude fournie par M. de la Tour-Varan.

Celui-ci, par malheur, n'est pas un modèle de précision et d'exactitude. On dirait même que l'amour du pays natal lui a fait négliger toutes les règles du métier. Aussi mérite-t-il pour le prieuré de Firminy, les mêmes reproches que M. l'abbé Javelle lui a justement adressés pour l'abbaye de Chazeaux (1). Son œuvre est pleine d'imagination et de passion, pauvre de critique et de vérité : il a travaillé « en artiste et en rêveur, oubliant que, si l'histoire a pour but d'être instructive, elle a aussi pour obligation d'être exacte. » Bref, pour notre part, à première lecture, nous avons remarqué dans la monographie de Firminy une centaine d'erreurs plus ou moins considérables.

Certes, c'est beaucoup trop, surtout pour un bibliothécaire. Mais, si étrange que soit « l'aplomb imperturbable avec lequel il donne ses romans pour des faits historiques », un défaut plus

---

(1) *Le Royal monastère de Chazeaux,* in-8ᵒ, Saint-Étienne, 1870 (pp. 7 et 102) par M. l'abbé Javelle, curé de Chazeau (Loire).

choquant encore est son ingratitude à l'égard de ceux qui lui rendent les meilleurs services. Ainsi, tandis qu'il emprunte aux manuscrits de Saint-Irénée presque tout ce qu'il publie de sérieux, il s'acharne à les critiquer de la manière la plus odieuse et souvent la plus injuste, comme si la reconnaissance lui était à charge (1).

Quoiqu'il en soit, on peut dire de Firminy, comme d'un grand nombre de localités qui doivent leur origine à la fondation d'un monastère, que ses annales, jusqu'à la Révolution, se confondent avec celles de ses prieurs. Or, les prieurs de Firminy appartiennent à trois classes très distinctes. Ce furent d'abord des religieux de l'ordre de saint Benoît, vivant en communauté avec quelques confrères. Puis, des bénéficiers commendataires touchèrent les revenus du titre, sans être tenus à la résidence, mais avec l'obligation de plusieurs charges spirituelles et temporelles. Enfin le Séminaire Saint-Irénée devint prieur perpétuel, sous les mêmes conditions.

Cette petite Notice se divise donc naturellement en trois parties.

I. — PRIEURS BÉNÉDICTINS

LEURS REDEVANCES ENVERS L'ABBAYE DE L'ILE-BARBE. — ACCROISSEMENT DE LEUR PUISSANCE TEMPORELLE. — UNION DU PRIEURÉ DE SAINT-PAUL-SOUS-CORNILLON.

Le plus ancien document connu, qui fasse mention de Firminy, est une charte donnée en 971 (le XIII des calendes de septembre) par Conrad le Pacifique, roi de Bourgogne, en

---

(1) Les registres que M. la Tour-Varan a consultés, aux Archives du département du Rhône, ne sont pas, comme il le supposait, de la main de M. Maillard, second supérieur du Séminaire ; ils furent rédigés, vers 1680, pour son usage personnel, par un directeur fort capable, M. de Tanoarn, gentilhomme de la première noblesse de Bretagne, qui se servit uniquement, pour ce travail, des papiers du prieuré. Or, non seulement nous avons encore un inventaire très détaillé de ces papiers, mais, sauf quelques terriers, ils ont presque tous survécu à la tourmente révolutionnaire. Ils sont conservés, partie au Séminaire Saint-Sulpice, partie aux Archives du Rhône, où M. de la Tour-Varan ne les a pas aperçus, bien qu'ils fussent sur le même rayon que les registres dont il s'est servi. Pour nous, après les avoir tous dépouillés, il nous semble évident que M. de Tanoarn ne pouvait mieux faire.

faveur de l'abbé Heldebert et des religieux de Saint-Martin de l'Ile-Barbe, pour reconnaître les nombreuses possessions de leur monastère (1). Entre autres biens de l'abbaye se trouve mentionnée une « *cella sancti Martini de Firminiaco* ». On sait d'ailleurs que, sous les derniers Carlovingiens, une *celle* était une simple obédience, c'est-à-dire une maison ou métairie séparée, dont quelques religieux allaient, de temps à autre, au nom de leur monastère, percevoir les revenus ou diriger les travaux.

Ce fut probablement un siècle après, vers le milieu du onzième, à l'époque où saint Robert, fondateur et premier abbé de la Chaise-Dieu, restaura tant d'églises dans les contrées environnantes, que la modeste celle se transforma en un petit couvent régulier, qui porta le nom de prieuré. Toutefois ce titre lui-même ne se rencontre, pour la première fois, qu'en 1168, dans un traité entre l'abbé de l'Ile-Barbe et l'abbé de Bonnevaux, où Humbert, prieur de Firminy, figure comme témoin (2). Quinze ans après (1183), dans une bulle de Lucius III, se rencontre encore, parmi les possessions de la même abbaye, l'église de Saint-Pierre de Firminy (3).

Ainsi en résumé, dans l'espace de deux siècles (971-1183), et peut-être beaucoup plus rapidement, Firminy vit son humble celle de Saint-Martin se transformer en prieuré avec une église sous le vocable de saint Pierre.

Présentement, nous ne savons rien de plus sur les origines de Firminy ; et ce peu, nous l'avons trouvé, comme M. de la Tour-Varan, dans *les Masvres de l'Isle Barbe*. Mais. nous avons la conviction qu'il suffirait de fouiller davantage le fonds immense de ce riche monastère et de parcourir les cartulaires du Forez, spécialement ceux de Cornillon et des autres châteaux voisins, pour arriver à des résultats beaucoup plus considérables, du moins en ce qui concerne les siècles suivants. Heureux qui pourrait ainsi retrouver tous les noms des fondateurs et des principaux bienfaiteurs, connaître la physionomie des prieurs et le nombre de leurs compagnons, pénétrer, grâce à quelques détails caractéristiques, dans la vie intime de cette communaute régulière, être témoin de ses travaux et apprécier

(1) V. *Les Masvres de l'Abbaye royale de l'Isle-Barbe les Lyon,* par C. Le Laboureur, Lyon, 1665, p. 65.
(2) « *Prior de Firminiaco* »... Ibid. p. 111.
(3) « *Ecclesiam sancti Petri de Firminiaco* ». Ibid. p. 116.

ses relations bienfaisantes avec le petit village qui se groupait autour d'elle ! Fût-il encore plus intéressant, ce tableau historique devait nécessairement échapper à la vue des directeurs du Séminaire Saint-Irénée ; car il va de soi que, le jour où la charge et les revenus du prieur tombèrent en commende, les Bénédictins eurent soin d'emporter à l'Ile-Barbe leurs papiers de famille, en laissant à leurs successeurs les terriers et autres pièces nécessaires pour la connaissance de l'état temporel du prieuré.

Or, tout ce que ces derniers documents renferment de plus saillant peut aisément se ramener à trois points principaux :

1° Redevances du prieuré de Firminy envers l'abbaye de l'Ile-Barbe.

En s'établissant définitivement à Firminy, le petit essaim sorti de l'Ile-Barbe ne pouvait, en justice, garder pour soi tout le fruit qui jusqu'alors avait appartenu à la ruche-mère (1). On convint donc de partager. Chaque année, au mois de septembre, le noble Chapitre de Saint-Martin devait recevoir, à titre de refusions, une quantité de froment, de fèves et de seigle suffisante pour la nourriture des religieux et des gens du monastère durant un mois.

Cette mesure, établie sans doute d'après le nombre considérable des personnes qui vivaient à l'abbaye, lors du contrat, fut ainsi fixée :

« Pour chaque jour du mois de septembre, 1 bichette de seigle, 1 bichette de fèves et 4 1/2 bichets et 7 miches de bon blé de froment, à raison de 30 miches au bichet, poids de cloître. En outre, pour une fois, 8 sols d'argent à la Saint-Martin d'hiver, au sacristain la quantité de 24 livres de cire et au chantre 18 deniers forts (ou doubles, valant dix sols parisis et 6 deniers). »

(1) Ce n'est pas sans raison que l'on compare les bénédictins laborieux aux abeilles dont un poëte du XVI° siècle a dit :

> Les ménagères avètes
> Font çà et là un doux fruit,
> Volètant par les fleurètes
> Pour cueillir ce qui leur duit.

En résumé, c'était donc une redevance annuelle qui, à l'exception des 10 sols et 6 deniers, dont nous venons de parler, se soldait en nature. Elle comprenait : 24 livres de cire, 3o bichets de seigle, 3o de fèves, et 142 de froment (soit 142 miches pour chaque jour du mois de septembre).

Que si l'on veut apprécier la valeur de cette dernière livraison, il suffit de remarquer que la miche correspondait à la livre ou demi-kilogramme ; car, à Montbrison, le bichet de froment pesait en moyenne 33 livres et mesurait environ 20 litres.

2° Accroissement de la puissance temporelle des prieurs.

Tant que les religieux bénédictins de l'Ile-Barbe se contentèrent de venir au temps des moissons, visiter la celle de Firminy, ils furent obligés de la mettre, pour le reste de l'année, sous la protection d'un puissant seigneur du voisinage. Ils la confièrent en effet à la garde des barons de Cornillon (1).

Ceux-ci s'estimèrent certainement très honorés de la confiance que leur témoignait le monastère ; mais ils surent aussi en retirer d'autres avantages. Sans parler de l'exercice de la haute justice, qu'il se réservaient dans toute l'étendue des terres du prieuré, ils levèrent, à titre de droit de garde, un léger impôt sur les habitants de Firminy ; ils touchèrent un péage, qui s'élevait à 3o sols par an, sur les meules de pierre extraites et vendues à Firminy ; ils en vinrent même jusqu'à recevoir, en

(1) Durant la dernière moitié du 13ᵉ siècle, la baronnie de Cornillon demeura dans la noble famille de Beaudîner (*de bello prandio*), dont trois membres nous sont un peu connus : Guillaume I, Aymar et Guillaume II de Beaudîner, Celui-ci était mort, en 1292, lorsque sa fille, Luce, Dame de Beaudîner et de Cornillon, épousa Guillaume I de Poitiers, dont elle eut cinq enfants : Guillaume II de Poitiers, Béatrix, Alix, Florie et Alixente. Demeurée veuve en 1321, Luce vécut en noble et pieuse dame, fonda (1332) l'abbaye de Sainte-Claire de Chazeaux et finit ses jours, au mois d'octobre 1337. — Elle avait donné Béatrix en mariage à Jean (ou Gérard) Bastet, seigneur de Crussol, auquel échut ensuite la baronnie de Cornillon. — De cette dernière union naquirent plusieurs enfants : Guillaume Bastet, seigneur de Crussol, baron de Beaudîner et Cornillon, Émile qui fut doyen du Chapitre de Saint-Jean de Lyon et Jeanne, abbesse du monastère de Chazeaux. — Nous ne savons comment M. l'abbé Javelle les appelle neveux et nièce de Luce de Beaudîner, dont ils descendaient en ligne directe par leur mère Béatrix.

cens annuel et perpétuel, 2 sols, 2 deniers et une poule, imposés sur cinq ténements différents de la localité (1).

En retour, il est vrai, les barons de Cornillon devaient hommage lige au monastère de l'Isle-Barbe, pour la garde de la ville, des hommes et du prieuré de Firminy. C'est ainsi que, pour rendre cet humble devoir, au nom de Guillaume de Poitiers, on vit, en 1297 (ou environ) Gillet d'Ecotay, damoiseau, châtelain du château de Cornillon, se présenter par-devant l'abbé André de Marzé, dans l'église de Saint-Rambert-en Forez. Sans armes, tête nue, les mains jointes sur les saints Evangiles, le noble écuyer fit serment de défendre envers et contre tous le prieuré de Firminy; puis il pria l'abbé de continuer cette charge aux seigneurs de Cornillon, au nom desquels il promettait de reconnaître toujours les droits et l'autorité du monastère de l'Ile-Barbe. André de Marzé accueillit avec froideur toutes ces avances et belles protestations; il se contenta de répondre qu'il ferait, sur les réquisitions du seigneur de Cornillon, tel droit que la justice exigerait (2).

Or, parmi les témoins de cette cérémonie se trouvait Hugues de Varennes, prieur de Firminy, qui avait peut-être à se plaindre de Guillaume de Poitiers et de Gillet d'Ecotay. Les prévenances du châtelain et la réserve de l'abbé permettent bien de supposer que les barons de Cornillon, comme tant d'autres seigneurs, n'avaient pas craint d'opprimer les gens d'église, et que, « sous

(1) Pareille somme de 3o sols était perçue, en 1224, par Guigues IV comte de Forez, pour la garde du prieuré de Saint-Rambert-sur Loire (*v. Masvres de l'Ile-Barbe* p. 135 n°s 3 et 4) Et si l'on veut évaluer le pouvoir de l'argent à cette époque et dans cette contrée, il suffit de noter, avec M. l'abbé Javelle, que le setier (ou 16 bichets) de seigle se vendait à Montbrison 1 livre viennoise, le setier de froment 1 livre 4 sols — et que d'autre part le sol viennois valait 10 deniers, le sol tournois 12 et le parisis 15.

(2) M. de la Tour Varan reporte cette petite scène après 1334, comme si, à cette date, les trois principaux acteurs n'étaient pas morts depuis longtemps : le prieur Hugues de Varennes, dont nous allons parler, avant 1309, Guillaume I de Poitiers en 1321 et André de Marzé en 1329. — Tout cela n'empêche pas notre chroniqueur de dire avec son aplomb habituel : « Ce prieur n'a pas été connu des directeurs du Séminaire Saint-Irénée, il n'y a rien là de surprenant, mais nous, qui sommes plus curieux, nous avons fouillé et refouillé; tant qu'enfin l'existence de ce prieur nous ait été révélée. » Oui, mais avec un anachronisme de quarante ans, qui rend votre histoire inintelligible et qui vous oblige même (une faute va rarement seule), à créer un prieur imaginaire, sous le nom de Humbert de Varennes, à la place du véritable Hugues.

prétexte de garde et avouerie, ils avaient imposé aux hommes de Firminy des tailles, maltôtes, chevauchées et autres mauvaises coutumes (1).

Après tout, depuis que les religieux résidaient à Firminy, n'étaient-ils pas, autant que personne, en mesure de faire la garde de leur prieuré? Si du moins les nobles barons de Beaudîner ou de Poitiers avaient bien voulu remplir par eux-mêmes le devoir qui leur incombait, certainement le joug eût paru plus supportable. Mais c'était avilir le patronage que de le transmettre en arrière-fief à tel ou tel écuyer du voisinage; c'était surtout transformer une noble obligation en un droit arbitraire, à la merci de petits despotes, avec lesquels le prieur devait sans cesse entrer en discussion et entamer de nouveaux arrangements.

Aussi, quand Guillaume I de Poitiers retira cette charge à son châtelain de Cornillon, pour la confier à un autre damoiseau, son vassal, Jocerand de Lavieu, dit Perceval, seigneur de Feugerolles, la situation n'en devint pas meilleure. Hugues de Varennes se vit encore obligé de protester pour maintenir ses droits, puis d'en venir à une transaction qui fut ménagée par les soins de deux arbitres, André de Marzé, abbé de l'Ile-Barbe et frère Bernard de Lavieu, prieur de Saint-Romain-le-Puy. Cet acte, dressé au nom de l'official de Lyon, est du 29 septembre de l'an 1300 (2).

En résumé, après avoir reconnu les limites territoriales du prieuré, les amiables compositeurs, pour le bien de la paix, partagèrent, de la manière suivante, l'exercice de la juridiction. Ils prononcèrent que toute juridiction, haute et basse, apparte-

---

(1) Telles sont les fautes que Guigues IV, comte de Forez, confessait avoir commises à l'égard du prieuré de Saint-Rambert, dont il avait la garde . «*pro nostræ solius voluntatis arbitrio, quandoque taillias fecimus,... sive tontam, exercitum, sive cavalcatam.* » (v. Masvres de l'Isle-Barbe, p. 136.)

(2) Nous n'avons point l'original, mais un *vidimus* parfaitement authentique, du samedi après la Toussaint, 1321 « *datum die sabbati post festum Omnium Sanctorum, anno ab Incarnatione Domini m ccc vicesimo primo.* » Il reproduit, *in extenso* le texte de la transaction, dont voici les passages principaux : « Nos, magister Petrus de Ambroniaco, officialis Lugdunensis Notum facimus *quod.. cùm discordiæ seu querelæ verterentur.. inter Dominum Jocerandum de Laviaco, militem, dominum de Feugerolles, ex unâ parte, et fratrem Hugoèm à Varennis priorem prioratûs Firminiaci, ad monasterium Insulæ Barbaræ pertinentis, ex aliàparte..... elegerunt arbitros Andream de Marzeu, humilem abbatem Insulæ Barbaræ et fratrem*

nait et demeurerait au prieur de Firminy; sauf dans trois cas, savoir : dernier supplice, mutilation des membres et flagellation (*escorʒagio*) (1) ; que toutefois, dans le cas de la flagellation, si le juge du prieur avait pris connaissance de l'affaire et que le coupable eût mérité en outre une amende pécuniaire, cette amende appartiendrait au prieur, mais que la peine même du fouet ne pourrait être infligée par les gens du prieur, avant d'avoir appelé ceux du seigneur de Feugerolles, pour fustiger ensemble les délinquants ; que, dans les deux autres cas (dernier supplice et mutilation des membres), toutes les fois que les officiers du prieur auraient arrêté un criminel, ils devraient, après information suffisante, le remettre aux mains du seigneur de Feugerolles ; et enfin, que tout nouveau juge ou prévôt nommé par le prieur de Firminy devrait incontinent se présenter devant le seigneur de Feugerolles et lui faire serment de conserver ses droits dans les trois cas qui précèdent.

Autant que nous en pouvons juger à distance, cet arrangement n'était pas une merveille de simplicité. Il laissait au seigneur de Feugerolles trop d'occasions et de prétextes pour s'immiscer dans les affaires de Firminy, pour surveiller et contrarier la justice du prieur. Toutefois, nous ne voyons pas que la paix ait été de nouveau troublée, tant que vécut encore Hugues de

Bernardum de Laviaco, priorem sancti Romani in podio.... qui pronuntiaverunt. ... quod tota jurisdicto alta et bassa villæ Firminiaci sit et remaneat omnino et directè priori Firminiaci supradicto ; exceptis tantum ultimo supplicio et mutilatione membrorum et escorʒagio. In eo autem casu escorʒagii, si cognitum fuit per judicem dicti prioris,.... pæna pecuniaria.. sit et remaneat ad priorem... : sed debeant insimul fustigare.... Et exceptis his tribus casibus, idem Dominus Jocerandus eidem priori omme merum et mixtum imperium in villà Firminiaci quittat, liberat penitùs et remittit,.... Præsentibus fratre Matthæo, sacristà majore Insulæ Barbaræ.... fratre Humberto, priore sancti Romani in Jaresio. Datum III° Kalendas octobris. anno Domini m ccc. »

(1) Au lieu d'*escorʒagio*, M. de la Tour-Varan a lu *estorʒagio*, qu'il a traduit par vol, rapine, extorsion, tout en remarquant que ce mot ne se trouve ni dans du Cange, ni dans le glossaire de la langue romane de Roquefort. Pourtant le contexte demande qu'après les deux premières peines (mort et mutilation), vienne non pas un crime, vol ou extorsion quelconque, mais une autre peine, qui est, selon nous, la flagellation. Sans doute, du Cange ne nous donne pas non plus le substantif *escorʒagium* ; mais ce qui est équivalent, les verbes : *excoriare, escorgare, escorcher*, comme synonyme de fustiger, battre de verges. Et précisément, dans la phrase suivante, il est question de la manière dont la peine du fouet devait être infligée aux délinquants.

Varennes, ni sous son successeur immédiat, le frère Barthélemy (1).

Mais, en 1327, tout se trouve remis en question. Le différend porte en effet sur trois points principaux : la garde de Firminy, le péage des meules de pierre, le droit de mutiler et d'exécuter à mort les condamnés (il n'est plus question de la flagellation). Après de longs pourparlers, grâce à la médiation d'un seigneur et d'un religieux du voisinage, le nouveau prieur de Firminy. Jocerand de Fayne, parvient à s'entendre avec Jocerand de Lavieu, Cette fois, la solution est nette, radicale. Chacun désormais sera maître chez soi. Le seigneur de Feugerolles renonce à tous ses droits sur Firminy, garde, revenus et juridiction, moyennant 5o sols viennois de cens et servis annuel, que le prieur lui cède, sur des terres situées dans le mandement de Feugerolles. Les parties s'engagent respectivement à faire ratifier cet échange par l'abbé de l'Ile-Barbe et par la baronne de Cornillon (11 septembre 1328). En effet, André de Marzé donne son consentement, dès le 15 novembre; l'année suivante (16 juin et 15 octobre), les tenanciers de Firminy et de Feugerolles, qui doivent passer d'un fief à l'autre, se déclarent prêts à reconnaître leur nouveau seigneur; une première fois (le 16 décembre 1329) le seigneur de Feugerolles sollicite très humblement l'approbation de noble Dame Luce de Baudiner; il réitère trois et quatre fois ses instances sans pouvoir l'obtenir (2).

---

(1) Le chroniqueur des châteaux et des abbayes du Forez n'est vraiment pas heureux. Tout-à-l'heure, au prieur Hugues de Varennes, *Hugoëm à Varennis*, que porte très-distinctement notre pièce vidimée, il substituait Humbert de Varennes, qui n'a jamais existé, et dont il disait quand même : « Les directeurs du Séminaire n'ont point connu ce prieur : il ne se trouve point dans leur catalogue, et cependant il a bien vécu. » Par contre, il dit maintenant du frère Barthélemy : « Le catalogue de Saint-Irénée fait mention de ce prieur; de notre côté, nous ne l'avons trouvé rappelé nulle part. » Eh! bien, n'en déplaise à M. de la Tour-Varan, en dehors des manuscrits du Séminaire, ce nom se rencontre, à la date de 1309, dans les *Masvres de l'Isle-Barbe*. p. 199.

(2) Une copie, petit in-folio de 33 pages, nous a conservé tous les actes que nous venons de résumer. Comme dans toutes les pièces de la procédure séculière de ce temps-là, le style est emphatique, solennel jusqu'au ridicule, avec un luxe merveilleux de synonymes destinés à fermer toute échappatoire. En voici quelques échantillons : « *Cum quœstiones, discordiœ et quœstionum et discordiarum materiœ verterentur et majores verti prœpararentur inter venerabilem ac religiosum virum fratrem Jocerandum de Fayne... et nobilem virum Jocerandum de Laviaco, aliter dictum Perceval,*

Enfin, le 24 avril 1334, la puissante baronne daigna ratifier le contrat et formuler son adhésion en deux articles distincts : 1º Elle consentait au susdit échange, à condition que Jocerand de Lavieu se reconnaîtrait feudataire des seigneurs de Cornillon, pour le nouveau domaine aussi bien que pour l'ancien, et qu'il serait tenu de leur en faire hommage lige et de leur jurer fidélité ; 2º Ladite Dame et ses héritiers ne pourraient ni ne devraient empêcher le prieur de posséder et d'exercer à Firminy toute la haute et basse judiriction, tout le mère et mixte empire, et d'en percevoir les revenus (1).

Cet acte fut signé dans la chapelle des religieuses de Sainte-Claire de Chazeaux (2), soit parce que Luce de Beaudîner avait choisi pour sa résidence habituelle le couvent qu'elle venait de fonder, soit surtout, parce qu'on espérait y terminer, le même jour, un procès intenté à Marguerite Rigaud, abbesse du monastère, par le prieur Jocerand de Fayne et par Simon de l'Orme, curé de Firminy. Ceux-ci se plaignaient, en effet, que la noble baronne eût, sans leur consentement, fondé cette Maison sur le

domicellum, dominum de Feugerolles... de et super gardiâ villæ et hominum Firminiaci prædicti et prioris ejusdem villæ, — ac etiam, pro, de et super pedagio molarum quæ extrahuntur in dicto loco ac à dicto loco et in territorio et à territorio dicti loci Firminiaci, — nec non pro, de et super executione mortis et ultimi supplicii et mutilatione membrorum delinquentium in dictâ villâ Firminiaci...

(1) Il semble que le notaire emploie toutes les ressources de son art à bien rédiger la déclaration de Luce de Beaudîner. La salutation est la plus solennelle qui fût alors usitée : « *In Dei Nomine-Amen. Noverit tam modernorum præsentia quam posteritas futurorum, per hujus instrumenti publici realem continentiam et tenorem, anno ab Incarnatione Domini 1334 die 24ª mensis aprilis, excellentissimo principe Domino Philippo, Dei gratià, rege illustrissimo Francorum regnante...* » Evidemment la narration n'est pas moins pompeuse, quoiqu'il s'agisse pour la dixième fois, des trente sols de péage, de la poule, des deux sols et des deux deniers dus par les cinq tenanciers dont nous avons parlé. Quant à la ratification proprement dite, elle ne tient pas moins de cinq grandes pages, avec les clauses ordinaires de style. Il suffit de citer ce qui regarde directement la juridiction du prieur : « *Quod Dicta Domina et hæredes sui, ex nunc in antea, dictum priorem Firminiaci et suos successores in prioratu Firminiaci non possint nec debeant impedire quin possint habere omnimodam jurisdictionem altam et bassam, merum et mixtum imperium, in villa Firminiaci, et proventus ejusdem et exercitium omnimodæ jurisdictionis, usque ad terminos superius expressos et declaratos ; ita tamen quod dictus prior et ejus successores non possint nec debeant facere aliquam executionem mortis, vel mutilationis membrorum, vel cujuscunque sanguinis effusionis, vel castigationis ultra terminos prædictos..... »*

(2) *Datum et actum apud Chasals, in ecclesiâ dicti loci.*

territoire de leur juridiction, et que les deux chapelains de la Communauté, à l'occasion soit de la célébration des divins offices, soit de l'ostension de reliques insignes, perçussent un casuel et des oblations, qui auraient appartenu, de plein droit, au clergé de l'église paroissiale. Car, suivant un des plus sages principes de la législation canonique, quels que fûssent les privilèges accordés par les Souverains-Pontifes à l'ordre de Sainte-Claire, et les faveurs spéciales octroyées par Jean XXII à la fondation de Chazeaux, ils ne pouvaient, sans une mention expresse, préjudicier aux droits acquits par les tiers.

Tout en protestant qu'elle avait agi de la meilleure foi du monde, Luce de Beaudîner voulut bien satisfaire à ces justes réclamations. Comme le prieur lui devait, chaque année, en vertu d'une ancienne transaction (1), quatre setiers de seigle, à la mesure de Cornillon, rase et secouée, livrables à Saint-Ferréol, et deux quartes de vin bon et pur, livrables à Firminy, elle daigna lui faire remise de cette obligation, à charge de redonner annuellement à Messire de l'Orme et à ses successeurs une émine de seigle, à la mesure de Saint-Didier.

Ainsi affranchi de toute redevance à l'égard des seigneurs voisins, Hugues de Varennes put espérer pour son cher petit prieuré de longues années de paix et de prospérité. Mais hélas ! on était à la veille de cette terrible guerre de Cent-Ans, qui allait produire tant de calamités et de troubles dans le beau royaume de France. Plusieurs fois déjà la sourde inimitié qui divisait Edouard III d'Angleterre et Philippe de Valois (1328-1350) avait failli éclater avec fracas. Une fois les hostilités ouvertes (1340), avec leur cortège habituel de souffrances et de misères, avant même le désastre de Crécy (1346), avant l'affreuse peste (1348-1350), qui enleva aux villes et aux campagnes un tiers de leurs habitants, la désorganisation fut rapide et profonde, surtout dans les provinces où régnait en maître le système de la féodalité. A la faveur de ce désordre général, le comte de Forez avait un jour, nous ne savons sous quel prétexte, « meurtri et occis un sergent du prieuré de Firminy, était venu, bannière déployée, audit prieuré, avait abattu ledit prieuré, et enfin prins, ravi et emporté vins, bleds et plusieurs autres garnisons

____

(1) Cette transaction, du 12 novembre 1281, entre Aymar de Beaudiner et le fr. Armand, avait rendu au prieur de Firminy les novales qui n'auraient pas dû lui être enlevées.

dudit prieuré » (1). A la requête du procureur du roi, le coupable fut poursuivi criminellement en la cour du Parlement de Paris, mais il demanda grâce, et, par lettres données à Tournon, le 26 mai 1344, « Jehan, ainsné, fils et lieutenant du roy de France, » (bientôt roi lui-même, sous le nom de Jean-le-Bon (1350-1364), voulut bien lui accorder l'absolution de la faute, tout en réservant les droits du prieur qui s'était porté partie civile, afin de réclamer des dommages intérêts. Et, en effet, après plusieurs années d'attente, les religieux reçurent du comte une indemnité dont ils se déclarèrent pleinement satisfaits, et moyennant laquelle ils se désistèrent de leur poursuite, par acte du 28 janvier 1351.

Peut-être le petit monastère eut-il encore à subir quelque avanie du même genre, durant cette malheureuse période de notre histoire. Certainement du moins, les barons de Cornillon ne se lassèrent pas de lui chercher querelle à tout propos, par exemple au sujet du tracé et des limites d'un petit chemin, qui séparait les deux juridictions. Et cependant, avec une charité vraiment paternelle, les bons bénédictins oublièrent leurs propres souffrances, pour prendre en pitié la misère du pauvre peuple de Firminy et pour réduire en sa faveur la quotité des dîmes.

Toutes ces causes réunies, on le comprend sans peine, n'étaient rien moins que capables d'augmenter les revenus du bénéfice. C'est d'ailleurs ce qui fut constaté officiellement, lors de l'union du prieuré de Saint-Paul-sous-Cornillon, dont il nous reste à parler.

3° UNION DU PRIEURÉ DE SAINT-PAUL-SOUS-CORNILLON

Au commencement du XVe siècle, le prieuré de Firminy se trouvait dans un état misérable, au point de vue temporel : ses bâtiments conventuels menaçaient ruine et demandaient de grandes réparations : ses revenus ne s'élevaient, année commune, qu'à la somme de deux cents livres parisis. Plus pauvre encore était un bénéfice voisin, dépendant du même ordre de Saint-Benoît, le prieuré de Cornillon, dont le revenu annuel, évalué à 30 livres tournois environ, ne pouvait pas même four-

(1) V. M. de la Tour-Varan, pp. 33-35.

nir le vivre et le vêtement convenables à l'unique religieux qui demeurait chargé du service divin. On conçut alors le dessein de joindre le second prieuré au premier, et l'abbé de l'Ile-Barbe, Aynard de Cordon, autorisa cette union, par acte du vendredi 27 juin 1432. Son successeur, Claude de Sotizon, donna une nouvelle approbation, le 16 juin 1436. Mais le prieur de Saint-Paul-en-Cornillon, Jean de Genay, étant venu à mourir sur ces entrefaites, quoique son bénéfice n'eût point vaqué en cour de Rome, on crut plus sage, pour prévenir toute difficulté, de soumettre cette affaire au concile de Bâle.

C'est pourquoi, au nom de l'assemblée synodale, dont il était membre, et en vertu d'une commission spéciale, qui lui fut donnée à cet effet, Amédée de Talaru, archevêque de Lyon, prononça, par ordonnance du 4 mai 1439, l'annexion et l'incorporation du prieuré de Cornillon à celui de Firminy (1). A cette date le prieur de Firminy était Jean de Bort (*alias* Jean Vert), qui se donna beaucoup de mouvement pour atteindre ce résultat (2). Il crut sans doute ne travailler que pour ses con-

---

(1) Nous avons une copie de cet acte en six pages gr. in-4°. Il commence par une salutation de forme assez curieuse : « *Amedeus de Talaru, miseratione divinâ Archiepiscopus et comes Lugdunensis atque Galliarum primas, commissarius ad infrascripta à sacrosanctâ generali synodo Basileensi in Spiritu Sancto legitimè congregatâ universalem Ecclesiam repræsentante specialiter deputatus.....*, nous citons sans discuter, c'est dans les considérants que nous avons trouvé un aperçu précis de la situation des prieurés. « *Attendentes prioratum de Firminiaco, . in suis ædificiis minare ruinam et magnâ indigere reparatione.... qui tam propter guerrarum modernis temporibus vigentium incursus quàm etiam mortalitatem pestis.... est adeo in suis redditibus et proventibus diminutus quod vix Prior, qui nunc est, onera dicti Prioratiis — adimplere possit.... Informatique quod tam per impiarum guerrarum quàm aliarum multiplicium ruinarum, in prioratu sancti Pauli de Cornillione non sit sustentatio undè possit pro præsenti unus religiosus in victu et vestitu de juribus ipsius Prioris commodè sustentari et ibidem in divinis deservire..., quia ejus fructus triginta librarum Turonensium, secundum communem existimationem, valorem annuum non excedunt.* »

(2) M. de la Tour-Varan a donc commis ici une triple erreur : en fixant à l'année 1435 la date de cette union, en attribuant le mérite de cette négociation à Lyonnet de Morand et non à Jean de Bort, mais surtout en prétendant que celui-ci est connu seulement pour avoir été nommé dans une enquête faite par un de ses successeurs. L'ordonnance d'Amédée de Talaru porte en termes explicites : « .... *Et volentes circa hoc opportune providere ad devoti Ecclesiæ filii Joannis de Borco prioris dicti prioratûs instantiam...* »

frères, les religieux de l'Ile-Barbe. En réalité, Lyonnet de Morand, son successeur immédiat, fut le dernier prieur bénédictin de Firminy. A sa mort, les deux bénéfices réunis tombèrent en commende.

II. — PRIEURS COMMENDATAIRES ET SÉCULIERS

Nous ne savons à quelle époque précise commence la série des prieurs commendataires de Firminy. Le premier que nous voyons apparaître sous ce titre est Toussaint de Villeneuve. Nous le trouvons, à la date de 1478, renouvelant les terriers de son bénéfice et faisant une transaction avec les habitants, au sujet de la quotité des dîmes. C'était, comme nous l'apprend le *Gallia christiana*, un personnage de haute valeur. Religieux Carme, du couvent de Moulins, confesseur du duc de Bourbon, provincial de la province de Narbonne, il était devenu évêque de Cavaillon. D'après Gesner, il aurait écrit un Carême et composé des commentaires sur la majeure partie des Saintes Écritures (1).

Ses successeurs appartiennent en général aux meilleures familles de la contrée. Tout d'abord, ce furent deux de Lévis, dont le père, Jean de Lévis, seigneur de Couzan et de Feugerolles, avait épousé dame Marie de Lavieu. Ils descendaient donc, par leur mère, de ce Jocerand de Lavieu, seigneur de Feugerolles, avec lequel les prieurs de Firminy avaient eu jadis tant de pénibles démêlés. Les deux frères furent pareillement protonotaires du Saint-Siège. Le premier se nommait Eustache de Lévis et de Couzan ; le second, Christophe de Lévis de Lavieu, se fit recevoir dans le noble chapitre de Saint-Jean. Un autre chanoine, comte de Lyon, Antoine de Saint-Priest, mourut en 1550, abbé de Valbenoîte, prieur de Firminy et de Chandieu. Ensuite, avec quelque intervalle, deux d'Albon, un de

(1) *Gallia christiana*, tom. I, col. 953, au numéro d'ordre 48, dans la nomenclature des évêques de Cavaillon (episcopi Caballionenses) : « Tussanus de Villanovâ, Carmelita cænobii Molinensis, theologus Parisiensis, et duci Borbonii a confessionibus, ex provinciali Narbonensis provinciæ factus est episcopus Cavallicensis, quam sedem obtinebat, ex chartis Ecclesiæ, anno 1484. Eum Gesnerus, in Bibliothecâ, docet scripsisse Quadragesimale magnamque Scripturarum partem commentariis illustrâsse. »

Saconay, un de Nérestang, trois de Solleysel se succédèrent dans la possession de ce petit bénéfice. Nous avons déjà raconté comment le dernier titulaire, Antoine de Neuville, abbé de Saint-Just, pourvu de notre prieuré en 1653, le résigna, dix ans plus tard, entre les mains de son frère, archevêque de Lyon, en faveur des directeurs du séminaire Saint-Irénée.

Pendant toute cette période, qui dure environ deux siècles, aucune mesure importante ne signale l'administration des prieurs. Ils ont soin de renouveler leurs terriers en temps opportun, (par exemple en 1478-1489), comme les bénédictins l'avaient fait (1372-1418), comme les prêtres de Saint-Sulpice le feront à leur tour (1671-1684 et 1737). Ils n'ont garde d'oublier la récente annexion de Saint-Paul-en-Cornillon, dont les emphytéotes se reconnaissent (en 1467-1489) soumis à la justice et à la censive du prieur : *levantes et cubantes, chariabiles et manoperabiles.*

Comme d'ailleurs les nouveaux bénéficiers ne résident pas, ce n'est point par eux-mêmes qu'ils administrent le prieuré. Ainsi, trouvons-nous, à la date du 21 octobre 1487, Toussaint de Villeneuve, le provincial de Narbonne, l'évêque de Cavaillon, affermant tous les revenus de Firminy à Louis Rigues et à Denis Paulat, notaire, pour la somme de 500 livres, monnaie d'or. Aussi bien, c'est le seul système pratique et son exemple est imité par ses successeurs.

Cependant, quelques bénédictins sont demeurés au couvent et forment encore une petite communauté régulière, sous la conduite d'un doyen ou supérieur claustral ; mais bientôt, lorsque l'abbaye-mère de l'Ile-Barbe est sécularisée avec tous ses membres (en 1551) (1), toutes les places monacales de Firminy sont par là même supprimées. Seule, une petite prébende, depuis longtemps fondée au profit de la sacristie, est conservée en bénéfice distinct, à la nomination du prieur (2). Enfin, il va sans dire que, pour avoir été transformés en chanoines séculiers, les moines de l'Ile-Barbe n'en continueront pas moins de recevoir les anciennes refusions de Firminy.

Telle est, dans ses traits principaux, l'histoire du prieuré,

(1) V. *Masvres de l'Isle-Barbe*, pp. 243-281.
(2) M. de la Tour-Varan a tort d'ajouter ici que « le prieuré fut alors mis en commende. » Cette expression est inexacte. En effet, le bénéfice régulier était en commende, depuis soixante-dix ans, quand il devint, en 1551, absolument séculier.

durant cette période. En descendant aux menus détails, on découvrirait quelques aperçus intéressants. Mais cela nous mènerait loin. Qu'il nous soit permis seulement de signaler deux petites pièces, qui nous ont semblé, à un point de vue particulier, vraiment originales.

La première est un inventaire des biens meubles, appartenant au prieuré, tels que Toussaint de Villeneuve les remettait, en 1493, à son successeur Eustache de Lévis (1).

La seconde, que nous allons reproduire *in extenso*, est un dénombrement des biens et des revenus du prieuré, fait par Christophe de Lévis-Lavieu, en 1539, suivant le bon plaisir du Roi.

« Je, noble Christophe de Levis de Lavieu, protonotaire du Saint-Siège Apostolique, prieur commendatayre du prieuré de Firmigny, de la part et pour raison de mondict prieuré de Firmigny, suivant le bon plaisir du Roy Nostre Sire Souverin Seigneur, proclamations publiques faictes au Comté de Forest, à la requeste de vénœrable personne mons le procureur général audict Comté, ay déclaré et déclare,

(1) Sauf la literie, qui semble avoir été excellente, tout le reste du mobilier était peu considérable et de médiocre qualité. Voici d'ailleurs le début et les premiers articles de cet inventaire :
« S'ensuyt linventayre des biens meubles qu'a R. P. en Dieu mons. l'evesque de Cavallon et administrateur perpétuel du prieuré de Firmigny, en son partemant aux jourduy fait dudict prieuré s'en allant à Cavallon, baillés et remys à monsr. le prothonaire de Lévis et de Cousant, prieur comendatayre dud' prieuré de Firmigny ; et à monsr de Cousant, son père, comme son procureur. Lequel inventayre, du comandement de monsr le juge dud' Firmigny, a esté fait par-devant maistre Lyonet de la Rouëre notaire et son lieutenant général, et honeste personne Gabriel Duranton, prévost et lieutenant de Feugerolles, et mond'sr de Cousant, et monsr. le secrétaire dud'prieuré, assistans, aujourduy mardi XVII° de septembre, l'an mil IIIj IIIjXX et XIII (1493).
« Et premièrement, en la salle dud'prieuré, une grande couche garnye dugne coytre (matelas) et le coussin de pleume grant et bonne, avecques ung oreiller de pleume et deux petites couvertes blanches et les cortines, excepté les deux pendans de lad'couche.
« *Item* une petite couche, garnie de la coytre et coussin de pleume, une couverte blanche barrée, avecques la cortine, sans les pendans de lad'petite couche.
« *Item* ung buffet de chayne.....
« Et deux petits coffres derrière la porte de lad'salle, dont ung est de chayne.....
« *Item* six escabelles neufves de chayne.....
« *Item, en la chambre neufve de la tour*, deux chalits faits, ung grant et ung petit, sans nul garniment que de paille..... »

par ces présentes, en foy de vérité, que je tiens et possède, et ont
tenus et possédés mes prœdécesseurs prieurs de Firmigny ; Jay ville
closse, châteaux en icelle fort, maison dhabitation, tour pour tenir
prisonniers, estables, grange, jardin, charboutières, meulières,
gareines, près, bois, paquiers, molins, comme plus amplement cy-
après sera déclaré ; et, à cause de mondit chateaux, avoir mandement
de peu d'estandüe ; auquel mandement, jay toute justice, haute,
moyenne et basse, mère et mixte impère, et disme et juridiction. Et
dois au Roy nostre Souverin Seigaeur une maille d'ort que (je) paye
tous les ans au prévot et receveur de S. Syphorie -le-Chatel ; et ay,
en ma dicte juridiction, connaissance de toutes causes sur mes
hommes, en première instance, et ay juge, chatellin, procureur, greffier et sergent, pour administrer justice.

« Premièrement, dict avoir deux gareines et un tènement de bois,
qui est de peu de valeur, parce que le tout de mondict mandement et
seigneurie est en pays de montaigne.

« *Item*, dis avoir et tenir un pré appellé le Breul, contenant dix
sétines de pré ou environ, où yia, communes années, de vingt-cinq
à vingt-six charreties de foing, de deux roües, estant dans mondict
mandement.

« *Item*, dis avoir, dans mondict mandement, un bois de chêne,
appelé Layard, qui nest de nul revenu que pour chaufer.

« *Item*, dis avoir, auprès de mon chateaux, une verchère, qui peut
valoir, à communes années (parce que d'une part dicelle suis contrains en faire mon jardin) vallant chascung an de quatre à cinq
livres t. ; dans laquelle jay une grange, couverte de tuille.

« *Item*, dis avoir, dans mondict mandement, un mollin vannier,
auprès de la ville, moullant de l'œaux de la rivière de Chabon, qui
tombe à la rivière Dondaine ; dans laquelle rivière Dondaine, ainsi
que porte mon mandement, j'ai droit de pêche. Et lequel molin,
parce quil est en lieu infertil et est mauvais a entretenir, je laisse tous
les ans, une année portant l'autre, quatre cestiers et demy à cinq cestiers de bled soigle.

« *Item*, dis avoir, dans mondict mandement de Firmigny des meuil-
lières, dans lesquelles ont tire les meulles pour les molins a soigle ;
et s'asence, communes années, cinq livres par an. Et aussy ay droit,
sur iceux qui ont charboutières, de prendre du charbon.

« Dis aussy avoir, dans mondict mandement de Firminy, qui est
de petite estandüe, environ soixante-cinq hommes justiciables et
habitans, à cause de la dicte juridiction de Firmigny. Lesquels sont
tenus aux réparations du chateaux et sont tenus dy venir (faire)
courvées chariables, manupérables ; sur lesquels jay toute justice,
haute, moyenne et basse, mère et mixte impère, disme et juridiction.

« *Item*, dis avoir, à cause de mondict prieuré de Firmigny, rentes et servis (en quinze mandements, les auscuns distans de cinq à six lieues), lesquels suis tenu de aller demender et quérir à mes despens, à chescune maison quils sont deubs (qui sont en auscun lieu en petite quantité et esgarées) ; Et montent : en argent, la somme, chescune année, vingt-six livres, deux sols, six deniers, une obolle — en froment, huit cestiers, douze cartes — en soigle, vingt-cinq cestiers, quatre cartes, deux coupes — en avoine, dix-huit cestiers, douze cartes, demy et demy quart — orge, huict cartes, trois couppes — en poix rong, deux couppes — chappons, vingt-deux — gélines, cent et trois — en poivre, deux livres — en foing, une trosse — en bois, une charrettée — en huile, quatre livres.

« *Item*, ay droit quand les fonds se mouvant de ma dicte directe sont aliénés, de contraindre les achepteurs et tenanciers diceux d'investir au sixiesme denier au prix quil leur auroit cousté.

« *Item*, dis avoir droit qu'au mois de may aucun ne peut vendre vin a menu et destail, dans la ville et faubourg du dict Firmigny, sans mon congé et licence ; et s'assence, communes années, deux livres par an.

« *Item*, lesquelles choses susdictes je dis tenir en franc libre, et comme mes prœdécesseurs ont tenus par cy-devant, et proteste que le présent dénombrement ne me puisse nuire ; et déclare que je ne trouve aucune rente, ni autre chose noble, avoir esté acquise depuis cent ans. Et généralement, tout ce que je tiens et possède dans mon dict mandement, et ailleurs, à cause de mondict prieuré de Firmigny, dis tenir noble, sauf à réserver, comme dict est, que paye une obole (düe à nostre Sire) au prévôt de S. Symphorien-le-Châtel. Et proteste que si j'obliois aucune chose à mettre par déclaration, tant de la rente et d'autres choses que de la dispense et charge de mondict prieuré, ne me puisse aucunement prœjudicier, et quand viendra à ma connaissance, le puisse déclarer (1).

« *Item*, sur lesquelles rentes et choses susdictes et autres revenus, que jay en mondict prieuré, est à noter et à présuposer que j'entretiens un prestre, qu'on appelle et nomme le sacristin ; lequel faut que je loge et cousche et luy baille un chescung an, pour son vivre : froment, trois cestiers, quatre quartes — soigle, un sestier, huict cartes, — argent, douze escus — bois, douze charretées — poules, douze — vin à la grand messure de Cornillon, douze asnées.

« *Item*, je paye, pour sonner les cloches, dix livres.

« *Item*, je dois, au mois de septembre, tous les ans, au couvent de Lisle-Barbe, de laquelle abaye ledict prieuré despend, communes années, un chascun an : en froment, trente asnées — seigle, six asnées — et deux asnées que poix, que febves — pour nourrir les religieux

(1) Tout cet article signifie simplement que le mandement de Firminy était un franc-alleu noble.

et officiers dudict couvent de Lisle-Barbe, ledict mois de septembre, qui sont environ quarante, sans les officiers.

« *Item*, dois syre au sacristin de ladicte Lisle-Barbe, trente livres.

« *Item*, dois argent audict abbé, officiers de ladicte abbaye de Lisle-Barbe, qu'il faut que je paye tous les ans, audit mois de septembre, sept livres.

« *Item*, dois pour la visite dudict prieuré, tous les ans, pour Sainct Martin, trois livres.

« *Item*, je paye pour une fondation faite par mes prœdécesseurs, Messieurs les prieurs dudit Firmigny, pour une messe qui se dict un chescung jour, à l'église Saint-Pierre dudict prieuré, par le sacristin et prestres dudict Firmigny, à chescun desdicts prestres qui sont receus à ce faire par moy : soigle, un cestier tous les ans — froment, quatre boisseaux. Et sont en nombre ledit sacristin et prestres dix-huit, et pour ce : soigle, dix-huit cestiers — froment : trois cestiers, douze boisseaux.

« *Item*, je paye Monseigneur Larchevesque de Lyon, pour le disme, quatre livres.

« *Item*, je paye au Curé de Firmigny, pour sa pension : trois cestiers soigle, et avoine deux cestiers.

« *Item*, pour la prébande de Sainte Catherine, baille un chescun an, dix sols.

Item, à mon Receveur, parce que mes rentes sont esgarées et sont de mauvais lever, suis contrains de donner, tant en argent, grains, que autres denrées, montant vingt-cinq livres.

« Je certiffie ce présent desnombrement contenir vérité. En foy de quoy, jai signé de mon propre sein mannuel, le septiesme de mars, mil cinq cent trente-neuf.

Signé : DE LÉVIS DE LADVIEUX.

III. — PRIEUR PERPÉTUEL : LE SÉMINAIRE St-IRÉNÉE

Il nous tardait d'arriver à cette troisième période, qui nous touche de plus près, à tous égards. Pour traiter le sujet avec méthode et précision, il nous suffira d'indiquer : 1° les revenus du prieuré; 2° ses droits honorifiques; 3° ses charges; 4° les systèmes employés pour la gestion du temporel.

1° REVENUS

Ils se divisent en trois classes : car le Séminaire est à la fois seigneur, propriétaire et prieur.

Seigneur, il continue simplement de jouir, dans l'étendue de son petit mandement de Firminy, de la rente noble ou directe, qui comprend les cens et servis, portant lods et ventes, tels que Christophe de Lévis les déclarait, dans le dénombrement de 1539. Et même, loin d'augmenter, ces revenus, qui sont fixes de leur nature, ont légèrement diminué (1).

Propriétaire, le séminaire l'est aussi. Outre qu'il occupe, comme son noble domaine, le château-fort avec les dépendances et accessoires ordinaires, il possède, en toute propriété, plusieurs immeubles, qu'il a lui-même acquis de divers tenanciers.

Ce château, assis sur un banc de rocher, est un ensemble de constructions antiques, formant un quadrilatère presque régulier. A l'intérieur, est une vaste cour au milieu de laquelle les bénédictins ont jadis creusé une citerne large et profonde. La façade principale, flanquée de deux tours carrées, renferme les appartements du prieur. L'église Saint-Pierre occupe un des côtés adjacents ; à son extrémité, se dresse le clocher dont la base fait corps avec le reste des bâtiments. Ceux-ci, moins considérables, qui vont rejoindre la façade, sont simplement destinés à loger les domestiques ou bien à recevoir les récoltes. D'un bout à l'autre de cette masse, qui a la prétention d'être forte, domine l'architecture militaire, avec ses meurtrières et ses mâchicoulis. Tout autour se range et s'abrite une petite bourgade, protégée d'ailleurs par des remparts, élevés de sept mètres au-dessus des fossés qui les baignent. C'est la ville de Firminy, comptant moins de cinquante maisons. Au-delà de l'enceinte, s'étendent les faubourgs qui s'enrichissent et envahissent rapidement, dans toutes les directions, la campagne voisine (2).

Proche de son château féodal, le Séminaire possède un petit clos, fermé de murailles, nommé la Verchère (verger), puis le four et les moulins banaux, dont tous les habitants sont obligés de se servir, en payant chaque fois une légère redevance, excepté ceux qui ont acquis, moyennant une rente annuelle, le droit

----

(1) Comparer la déclaration de Christophe de Lévis (v. plus haut) avec celle que nous trouvons, chez M. de La Tour-Varan, pour l'année 1740 (v. p. 63). Sur une seule espèce, nous comptons 1 chapon et 33 gélines en moins.

(2) En 50 ans (1736-1787) le nombre des communiants à Firminy s'élève de 1935 à 2700.

d'en construire à leurs frais (1). Plus loin, deux prés, l'un appartenant au prieur, et l'autre, moins bon, au curé, qui en a fait abandon, pour recevoir toute sa portion congrue. Plus loin encore, des terres labourables, de médiocre qualité, avec les carrières de pierre meulière et les mines de charbon (2). Enfin çà et là, divers immeubles, de minime importance, que le Séminaire peut acheter, sans porter ombrage aux habitants (3).

Le seigneur-propriétaire de Firminy est en même temps le *prieur* du couvent. A ce titre, le Séminaire continue de lever la dîme dans quatre paroisses : Firminy, Le Chambon, Saint-Paul-de-Cornillon et Saint-Ferréol. Il pourrait aussi percevoir, à Saint-Just-en-Velay, un tiers de la dîme, dont les deux autres parts reviennent à l'abbé de Valbenoîte et à la prieure de Saint-Thomas (proche Montbrison); mais il renonce à son droit (en 1686), d'autant plus volontiers que, dans cette paroisse, la dîme, réduite au vingtième, n'est pas suffisante pour fournir les portions congrues du curé et du vicaire.

Or, dans l'étendue de sa dîmerie, le prieur de Firminy ne lève que les grosses dîmes, c'est-à-dire celles des grains, du vin et du charnage. Et encore, sous le nom générique de charnage, il ne s'agit en réalité que des agneaux : « *de decem agnis, unum agnum.* » Comme d'ailleurs il y a fort peu de vignes « plantées derrières lesdites paroisses », la dîme du vin est insignifiante et ne semble mentionnée que pour la forme. Reste donc celle des quatre grains : froment, seigle, orge et avoine, *tenebuntur et efficaciter solvent decimam dictorum bladorum, frumenti, siliginis, hordei et avenæ, præfato domino priori Firminiaci.* Mais cette charge est lourde : aussi les habitants ont-ils essayé, à plusieurs reprises, de la faire diminuer, et ils y ont réussi. Déjà en 1455, comme « on voit dans un ancien livre contenant les enquestes de Lyonnet de Morand, la coutume estoit depuis longtemps establie de payer la dixme, à raison de l'onzième gerbe : *Licet, jure communi, vera decima, de*

---

(1) Ainsi, en 1740, le Séminaire, qui concède, moyennant 10 livres par an, à Benoît Mirament, maître boulanger, le droit de construire un four, pour y cuire du pain-froment, rachète d'autre part, au prix de 899 livres 15 sols, les moulins de la Beynodière, que ses prédécesseurs avaient aliénés.

(2) On voit que le bois de Layard et l'ancienne garenne ont ici disparu.

(3) Par exemple, en 1681, deux maisons achetées de M. des Bruneaux et de Françoise Donnet, pour 220 et 350 livres; quelques autres, en 1726, 1743 et 1747.

fructibus prædialibus, solvi debeat, nullo deducto onere aut sumptu, videlicet de decem partibus unam veram decimam partem, juxtà cap. Tua nos, *tamen ipse prior contentus fuit et est percipere undecimam partem fructuum, in dictis terris parochiarum Firminiaci, de Chambone, Sancti Pauli Cornilionis et Sancti Ferreoli.* » Une seconde fois, en 1607, la quotité a été modérée et réglée sur le pied de onze à douze, par arrêt du Parlement rendu contradictoirement entre le prieur C. de Nérestang et les habitants des diverses paroisses.

Cette quotité se maintient, sans trop de peine, au profit du Séminaire. Il se voit seulement obligé de procéder avec vigueur contre les fermiers de l'abbaye de Chazeaux, qui, sans aucun prétexte, veulent s'affranchir de l'obligation commune (1), et contre plusieurs nobles et notables habitants de Firminy, qui prétendent jouir à perpétuité d'un abonnement fait, en 1595, avec le prieur Jean Favier (2).

2° Droits honorifiques.

Le titre de noble seigneur peut être apprécié des gens du monde ; aux yeux du vénéré M. d'Hurtevent, qui supprime volontiers la particule de son nom, il ne saurait avoir aucune importance. Mais voici qui est plus grave.

Depuis les contrats de 1334, le prieur n'a point cessé d'être haut justicier dans son mandement de Firminy. Sa juridiction s'étend à toutes les causes qui surgissent, civiles ou criminelles ; il peut prononcer et appliquer les peines les plus graves, sauf

(1) V. le consciencieux ouvrage de M. l'abbé Javelle, pp. 202-207.

(2) A ce sujet, M. de la Tour-Varan s'en prend à M. d'Hurtevent, qu'il appelle Heurtavent, pour le plaisir de faire un jeu de mots. Puis, comme si le bon Supérieur n'était pas mort depuis dix ans, il lui reproche d'avoir, en 1681, consulté sur ce point deux avocats fameux qui, par le fait, donnent raison au Séminaire. Rien de plus conforme assurément à la lettre et à l'esprit du droit canonique alors en vigueur. Car, d'une part, la dîme étant fixée pour toute la paroisse à une certaine quotité, un particulier ne peut pas, même sous prétexte d'abonnement, se distinguer pour toujours du commun ; en pareil cas, les exceptions sont odieuses. D'autre part, les prieurs précédents n'étaient point des seigneurs perpétuels et incommutables, mais de simples usufruitiers, selon le cap. *Cum in tua, De Decimis.* Ils ne consentaient donc un abonnement que pour le temps de leur gestion ; autrement, ils auraient eu toute permission d'aliéner des biens et des droits d'église

appel du condamné aux cours supérieures du royaume. Toutefois, il n'exerce pas ses pouvoirs par lui-même ; il les délègue à cinq officiers : un juge, un procureur et un greffier, qui composent le tribunal ; un châtelain et un lieutenant, qui disposent de la force publique et sont chargés d'exécuter les sentences. Aussi le séminaire a-t-il soin de choisir, pour ces différentes fonctions, des hommes vraiment dignes et capables de les remplir. A l'exception du juge, qui est un des meilleurs avocats de Saint-Etienne, les autres officiers sont des habitants de Firminy, par exemple, Messire Molin, notaire royal, et les sieurs Merlatton et de la Beynodière. Ils ne reçoivent du prieur aucun honoraire ; mais les amendes qu'ils infligent légitimement leur appartiennent.

En cette qualité de haut justicier, le Séminaire est maître du clocher, et conséquemment il nomme le premier sonneur de la paroisse. Il a droit aussi de donner des places dans le chœur à ses officiers et même d'établir un banc dans la nef. (1)

Comme prieur décimateur, il nomme aussi aux différentes cures de sa dîmerie, et à la sacristie de Firminy. Après avoir renoncé à ses droits sur Saint-Just-en-Velay et sur Jonzieux, il a donc encore la collation de cinq bénéfices. Généralement, le supérieur de Saint-Irénée dispose, *pleno jure*, du bénéfice simple en faveur d'un confrère. Quant aux quatre paroisses de Firminy, Le Chambon, Saint-Ferréol et Saint-Paul-en-Cornillon, il s'applique, avec une pieuse sollicitude, à leur choisir de bons pasteurs ; il cherche même, en plusieurs circonstances, à leur faire donner des missions extraordinaires. En un mot, le Séminaire comprend toute l'étendue de sa responsabilité. Témoin M. de Vaugimois, qui, dans son horreur de la simonie, rejette un sujet que lui proposent plusieurs personnages ecclésiastiques, parce qu'il croit entrevoir un peu de *munus à linguâ*. Aussi M. de la Tour-Varan n'a-t-il que des éloges à donner aux curés de Firminy, nommés durant cette période : Messires Jacques Bénévent, en 1677, Jean Richard (1713), Pierre Sain, docteur en théologie (1725), et Jean-Claude de Branges de Bourcias, écuyer (1744). Si, après eux, un autre est nommé, qui ne mérite pas de prendre place à leur suite, la faute ne saurait être imputée aux prêtres de Saint-Sulpice, mais au prélat qui s'est réservé la collation des bénéfices dépendant du Séminaire.

(1) Tous ces petits points ont donné lieu à des contestations et par suite à des reconnaissances explicites au profit du Séminaire ; nous avons ces pièces entre les mains.

3⁰ Charges

Les revenus et les droits ont, à peu près point pour point,
leurs charges correspondantes.

Et d'abord, suivant une reconnaissance, donnée par Toussaint de Villeneuve, en 1493, et renouvelée plusieurs fois,
notamment en 1676, le seigneur prieur de Firminy est obligé de
payer au roi, chaque année, une obole ou maille d'or, pour le
droit de guet ou de garde : « *de gardià et nomine gardiæ regiæ
unum obolum aureum.* »

Sans doute les habitants sont encore tenus à quelques corvées
personnelles et à quelques charrois, soit pour l'entretien du
château féodal, désormais inutile, au point de vue de la défense
du territoire, soit pour la réparation des routes, ponts et chaus-
sées qui servent à la commune ; mais toutes les fournitures
nouvelles et le travail des ouvriers spéciaux sont à la charge
du prieur. Il paie même le pavé et le pavage de la rue. En
16 ans, M. Maillard dépense plus de 3,000 l. pour restaurer
les bâtiments du prieuré (1).

Son successeur, M. Rigoley, emploie 300 l. au clocher de
Firminy (1697) (2). Il faut pareillement veiller à l'entretien du

---

(1) S'il faut en croire notre chroniqueur sur parole (car il ne donne aucune
preuve de ses assertions), le bon M. Balt. Maillard aurait été « un prêtre
sans goût qui ne comprenant pas la dépense, quand il s'agissait de faire
des réparations, démolissait, pour qu'il ne fût plus question de réparations. » Il aurait démoli les deux tours de la façade, découronné une
autre tour octogone, muré les larges et hautes fenêtres à croisillons, qui
donnaient le jour aux appartements — Or M. Maillard n'est pas le seul
qui ait fait des réparations. Avant et après lui, M. de Neuville et M. Rigoley travaillent avec le même soin, à sept reprises différentes. Et nous
savons d'ailleurs en quoi consistent ces réparations intelligentes : nous en
trouvons le détail dans les comptes du fermier, M. de la Rochette, et
nulle part nous n'apercevons trace de démolition. Bien plus, nous osons
dire que non-seulement les immeubles, mais toutes les pièces du mobilier
sont conservées avec le plus grand soin, peut-être avec quelque vénéra-
tion. Témoin les *sommaires descriptions* que le procureur du Séminaire
dresse lui-même, à l'occasion du changement des fermiers, par exemple,
en 1690, 1777 et 1786. Elles reproduisent exactement plusieurs articles,
qui figuraient dans l'inventaire de Toussaint de Villeneuve et qui ont ainsi
traversé trois siècles entiers (1493-1786).

(2) C'est sans doute par ignorance de l'ancienne jurisprudence canonique,
concernant les obligations respectives des décimateurs et des paroissiens
à l'égard de leurs églises, que M. de la Tour-Varan reproche à M. Mail-

chœur et du clocher, dans les autres paroisses de la dimerie, et offrir aux sacristies pauvres, notamment à celles de Cornillon et de Saint-Ferréol, les vases sacrés, ornements, aubes et surplis nécessaires.

D'autre part, il faut payer à l'Ile-Barbe les anciennes réfusions. Que la récolte soit pauvre ou abondante, l'abbaye de Saint-Martin a toujours droit à la quantité déterminée. Dans les années de disette, cette charge est particulièrement onéreuse (1).

Il faut aussi donner à MM. les Curés leurs portions congrues. Pour les recevoir entières, ils ont abandonné les petits fonds dont ils jouissaient. Fixées d'abord, par la déclaration royale du 9 février 1686, à 300 l. pour les curés et à 150 pour les vicaires, elles sont élevées, en mai 1768, à 500 l. et 200 l. Le nombre des vicaires augmente nécessairement avec la population : il en faut deux, au lieu d'un seul à Firminy, et trois dans les autres paroisses qui n'en avaient pas. Toutes ces causes réunies accroissent, de plus de moitié, le total des portions congrues.

De son côté, le sacristain de Firminy a droit, chaque année, à trois setiers de froment et 12 écus.

Enfin, comme les autres biens ecclésiastiques, notre prieuré paie de lourds impôts au fisc royal. Sous des noms divers : dons gratuits, décimes ordinaires ou extraordinaires, il doit, pour sa part, 495 l., c'est-à-dire un bon quart de son revenu net (en 1675). Sans doute, cette année-là même, l'assemblée du clergé, tenue à Lyon (23 janvier), décharge le Séminaire de cette contribution, en la répartissant sur les autres bénéfices du diocèse. Mais bientôt arrive (1688-1700) un nouveau surcroît

---

lard la conduite qu'il tient, en 1671, envers les habitants de Firminy. En principe, l'entretien du chœur, et parfois du clocher, incombe au décimateur; le soin du reste de l'église aux fidèles. En fait, M. Maillard rappelle cette obligation aux paroissiens de Firminy, qui la reconnaissent; mais, comme, depuis quelque temps, l'office est transféré à l'église Notre-Dame, le bon supérieur leur conseille de renoncer complètement à l'usage de l'église Saint-Pierre, au profit de la confrérie des Pénitents-Blancs, qui désire y faire ses dévotions et qui se charge de toutes les réparations nécessaires. Ce compromis est accepté sur-le-champ et sans la moindre difficulté·

(1) Par exemple, de 1705 à 1709, le prix des réfusions varie de la manière suivante : 392 livres, 400, 351, 695, 800. — Après 1740, l'abbaye de l'Ile-Barbe étant réunie à la mense capitulaire de Saint-Jean, le Séminaire obtient un abonnement, qui est fixé à 500 l. par an.

de décimes, qui montent de 83 l. à 200 l., et que les prêtres de Saint-Sulpice sont heureux de supporter.

Tout cela, bien entendu, sans compter les aumônes communes ou exceptionnelles, que le Séminaire est obligé de faire, en sa double qualité de seigneur-prieur. C'est ainsi qu'un jour, en 1693, M. Maillard donne au fermier du prieuré l'ordre de remettre 130 l. aux curés de la dîmerie, pour être distribuées aux pauvres de leurs paroisses. Parfois même, dans certaines circonstances spéciales, quand il s'agit, par exemple, de la fondation d'une petite école, les supérieurs de Saint-Irénée se montrent plus généreux encore : ils vont jusqu'à donner l'immeuble nécessaire pour l'installation.

4° ADMINISTRATION.

L'actif et le passif ainsi examinés en détail, on peut maintenant apprécier, en connaissance de cause, les deux modes de gestion successivement pratiqués par le Séminaire.

Tout d'abord, à l'exemple de ses prédécesseurs, il emploie le système des baux. Ses fermiers sont : noble Jean Besson, sieur de la Rochette (1671-1688), ensuite Jean Chapuys, juge de Saint-Just-en-Velay, capitaine-châtelain de Feugerolles et Chambon, pour 12 ans, et Fleury du Pont, durant une dizaine d'années. Le fermage, fixé dans le principe à 1,500 l., monte à 2,000 l. en 1675, par suite de la suppression des décimes, descend à 1,400 en 1686, à cause de l'augmentation des portions congrues, et même à 1,280, pendant la période de misère que traverse la France, au commencement du dix-huitième siècle.

Durant cette crise, M. Rigoley, troisième supérieur de Saint-Irénée, accorde de longs délais à son fermier de Firminy, afin que celui-ci s'abstienne de pressurer les habitants ; il fait, croyons-nous, remise d'une partie des fermages et va, dans sa générosité, jusqu'à se servir de sa fortune personnelle pour donner du travail aux pauvres ouvriers de la localité.

Mais, une fois cette épreuve traversée, il croit qu'un changement de système sera également agréable aux populations et favorable aux intérêts du Séminaire. A la ferme il substitue donc la régie. Comme nous l'avons dit en son lieu, M. Coulon, prêtre de Saint-Sulpice, est chargé (1717) d'administrer les deux prieurés de Firminy et de Chandieu. Résidant habituellement dans cette dernière paroisse, il confie la gestion de l'autre bénéfice à une bonne vieille fille, nommée Marie Mellier, qui, sous sa direction, travaille, avec grand succès, à recueillir tous les revenus. Si bien qu'en peu de temps ils ont doublé et au-delà. Après la mort de M. Coulon (1723), elle continue, aussi active, aussi zélée qu'elle s'est montrée au début. Elle meurt, le 7 septembre 1739, ayant mérité, par son dévouement, la petite notice qui lui est consacrée dans un registre de M. de Vaugimois : « Marie Mellier a régi le temporel de Firminy, l'espace de vingt-cinq ans environ, avec beaucoup de probité, d'affection et de fidélité ; elle a de beaucoup accru les revenus de ce prieuré et a tout laissé en bon état. Elle est inhumée dans le cimetière de la paroisse. On lui a fait un grand service et d'honnêtes obsèques, où il y avait sept prêtres. Par son testament, dicté en 1736, elle a institué le Séminaire Saint-Irénée son héritier universel. Son hoirie consiste en une maison et un petit pré qu'elle avait à Firminy, le tout estimé 900 l., et en 1,200 l. d'argent qu'elle nous avait prêtées et qui lui étaient dues. Elle a chargé le Séminaire de faire dire, pour elle à perpétuité, une messe de *requiem* par semaine, en tel lieu et tel jour qu'il jugera à propos.

M. Guichard, économe de Saint-Irénée, qui nous a conservé plusieurs de ces détails, continue en ces termes : « M. Defféré, prêtre (1), est ensuite chargé de régir le temporel de Firminy, ainsi que MM. de la Coste et Charles, celui de Chandieu. Ces Messieurs montrent d'abord beaucoup de zèle, mais bientôt (1747) on s'aperçoit qu'il est plus avantageux de mettre à leur place deux bons domestiques, élevés dans ce séminaire, qui en effet répondent parfaitement bien à l'opinion qu'on avait de leur activité et de leur probité ; ils y sont encore, cette année 1761. »

Somme toute, les prêtres de Saint-Sulpice préfèrent donc la régie à la ferme : ils ne voudraient pas en revenir à l'ancien système et ils ont raison. Mais le nouvel archevêque Mgr de Montazet, ayant d'autres vues et d'autres règles de conduite, ils doivent se soumettre à ses volontés. Par son ordre, la ferme des deux prieurés est mise aux enchères, adjugée et baillée au plus offrant. En 1776, les preneurs sont les sieurs Imbert Gobert, marchand, demeurant à Marlhes, J.-B. Gobert, marchand maître

---

(1) M. de la Tour-Varan a tort de regarder M. Defféré comme prêtre de Saint-Sulpice et de prétendre que les actes de présence, à Firminy, des directeurs du Séminaire étaient extrêmement rares : deux assertions également erronées.

boulanger, demeurant à Saint-Etienne, et Joseph Fontanay, marchand maître boulanger, demeurant à Lyon. Ensemble et solidairement, ils s'engagent à payer annuellement une somme nette de 11,200 l., toutes charges acquittées (1).

En terminant la partie historique de sa monographie, p. 67, M. de la Tour-Varan s'exprime ainsi : « Depuis l'union, le prieuré de Firminy allait de chute en chute à sa ruine,... et cette décadence l'amena sur le bord d'un gouffre immense et le jeta dans les flots de la révolution. »

Paix au chroniqueur des Abbayes du Forez. Mais tout autre sera notre conclusion. Comme l'un des témoins qui déposèrent dans l'enquête publique *de commodo et incommodo* sur l'annexion du prieuré de Firminy, en 1666 (2), nous nous contenterons de dire : « L'on ne pouvait pourvoir à la subsistance du Séminaire plus commodément ni plus conformément aux intentions du concile de Trente que par l'union des bénéfices simples. »

(1) V. bail. reçu Fromental, notaire à Lyon, le 21 octobre 1776.
(2) Témoignage de Messire Louis de Ville, v. plus haut. p. 37.

CHAPITRE II

CHANDIEU

1º Origine et description du prieuré. — 2º Les prieurs. — 3º Les reliques de saint Domin. — La confrérie de saint Jacques. — Les prébendes et les fondations. — L'Hôpital de Chandieu. — 4º Charges et revenus du prieuré. — Revenus du curé.

1º Origine et description du prieuré.

HAMPDIEU, ou plutôt *Chandieu* (car telle est la vieille orthographe, conforme d'ailleurs au latin et au patois du moyen âge, *Candiacum* et *Chandiacum*, *Chandeu* et *Chandious*) est un bourg situé à une lieue environ de Montbrison. Comme Firminy et tant d'autres localités, il semble avoir reçu la vie d'un prieuré bénédictin. Des moines de la grande abbaye de Manglieu (en Auvergne) vinrent, peut-être dès la fin du dixième siècle, essaimer dans ce petit coin du Forez. Leur demeure ne tarda pas à devenir le centre d'un gros village, puis, suivant les besoins des temps, la citadelle d'une place forte, ou du moins le donjon d'un véritable *castrum* armé pour la défensive. Quel dommage que ce charmant petit prieuré de Chandieu n'ait pas été plus complètement étudié! Seuls, MM. Georges de Soultrait et Révérend du Mesnil l'ont fait d'une manière sérieuse; l'un, sous le rapport de l'architecture, l'autre, surtout au point de vue historique. Le premier, dans une notice, lue au comité archéologique de Lyon (1), s'est attaché à décrire l'église romane et les bâtiments

(1) *Revue du Lyonnais*, nouvelle série, tom. XVIII, 1859, pp. 421-430.

claustraux. Le second, suivant une relation insérée au *Bulletin de la Diana* (1), a fait une excursion, plus savante peut-être que méthodique, à travers les curiosités de Chandieu. Volontiers, pour remplir notre propre canevas, nous ferons quelques emprunts à ces deux auteurs, sans négliger toutefois les pièces que possède le fonds de Saint-Irénée.

Le curieux *Armorial d'Auvergne, Borbonais et Forest*, composé par Guillaume Revel, héraut d'armes de Charles VII, nous a conservé une vue du vieux *Castrum de Chandiaco*. Grâce à ce précieux dessin, nous pouvons reconstituer, comme d'une pièce, toute la place forte, en reliant ensemble les restes considérables qui subsistent encore. Elle était protégée par deux enceintes. La première consistait en une grosse muraille crénelée, flanquée de cinq belles tours, rondes ou carrées, dont le pied baignait dans des fossés larges et profonds. Au nord était la porte d'entrée, défendue par un moucharaby et précédée d'un pont dormant. La seconde enceinte, intérieure, de forme rectangulaire, se composait de hautes murailles, à grandes arcades mâchicoulis de plein cintre, qui protégeaient l'ensemble des constructions du prieuré. De ce quadrilatère, il ne reste aujourd'hui que trois faces. Au sud, l'église, qui a mérité de fixer l'attention de M. de Caumont et qui est admirée par les connaisseurs comme un type du style auvergnat. A l'ouest et au nord, une partie des anciens bâtiments claustraux. S'il est impossible de fixer la destination primitive de tous les appartements, nous savons du moins à quel usage ils étaient affectés en 1777, selon le procès-verbal que rédigea M. Picquet, directeur du Séminaire Saint-Irénée, en visitant avec les fermiers toutes les dépendances du prieuré.

Voici en effet la liste des pièces qu'il parcourut :

Une petite cave, nommée cave *du Paradis*, qui se trouvait sous le clocher de la paroisse, — un grand cellier appelé *la Porte*, — et une autre cave, dite *Beauregard*, qui comprenait : le tenailler banal renfermant deux pressoirs et une cuve de pierre ; l'écurie et les étables avec les fenières ; enfin une grange à battre le blé avec deux hangars. Plus loin, la prison bien voûtée, avec sa porte très épaisse, fermée par deux gros verroux et deux serrures, dont les clefs étaient entre les mains des fermiers.

Puis, le cloître, dont un côté s'adossait à l'église. Mais hélas !

____

(1) *Bulletin de la Diana*, n° 6, supplément, 1880, pp. 206-230.

parmi les piliers de pierre destinés à soutenir ses arceaux, plusieurs étaient presque fusés (*sic*) et beaucoup, hors de leur aplomb, s'inclinaient du côté de la cour. Au milieu de cette cour, un puits avec sa vieille roue en bois.

Près du cloître, le jardin qui s'étendait jusqu'au cimetière et qui renfermait une montre solaire en pierre; et à l'extrémité, un colombier bien garni de pigeons.

Au rez-de-chaussée, six pièces, savoir : une grande salle, avec belle cheminée, table de noyer, image du Christ, mappemonde et carte du Lyonnais, — une salle à manger, — une chambre à alcôve, — une cuisine et sa souillarde, — enfin un fournier qui contenait deux fours en mauvais état.

Au premier, six chambres, dont trois occupées par les fermiers et leurs valets ; les trois autres réservées aux prieurs.

Au même étage, une galerie, superposée au cloître, se prolongeait du côté du jardin, pour donner accès à un grenier.

A l'extrémité opposée de cette galerie, près de l'appartement du prieur, était une espèce de prétoire destiné aux audiences. Il n'était fermé que par une balustrade en bois, qui communiquait avec un cabinet voûté au-dessus de la cave du Paradis. Non loin de là, dans une tour, près du clocher de l'église, se trouvaient les anciennes prisons, qui ne valaient plus la peine d'être entretenues.

2° Les Prieurs.

A Chandieu, comme à Firminy, les prieurs appartiennent à trois classes bien distinctes : les réguliers, depuis l'origine jusqu'en 1505, puis les commendataires, auxquels succède (1695) le Séminaire Saint-Irénée, à titre de prieur perpétuel.

De la première période, il nous reste à peine quelques noms de sacristains, de religieux, de vicaires ou curés. Impossible même de dresser un catalogue complet des prieurs ; encore moins pouvons-nous songer à retracer leur vie. Seul, le dernier d'entre eux, D. Pierre de la Bâtie, pendant une administration féconde et glorieuse, qui ne dura pas moins de 23 ans (1482-1505), sut imprimer à ses œuvres un cachet personnel et original, capable de résister à l'injure du temps. Que nous considérions les belles constructions, élevées ou restaurées à ses frais et revêtues du sceau de ses armes, les fondations pies et charitables auxquelles

il consacra la majeure partie de son patrimoine, et les actes
solennels rédigés par son notaire apostolique, Messire Louis
Plagnieu, prêtre de Saint-Bonnet-le-Courreau, toujours le noble
prieur.se montre digne de résumer en sa personne l'antique et
glorieuse tradition de ses prédécesseurs. Comme eux, il pratique
une égale dévotion au travail des mains, à l'étude et à la prière ;
il sait merveilleusement allier ces trois qualités, qui font le
caractère distinctif du religieux bénédictin. Nous aurons bientôt
occasion d'en citer quelques traits.

La seconde période nous serait mieux connue ; mais elle offre
moins d'intérêt. Sans doute les prieurs se nomment Antoine de
Saint-Priest, Christophe de Lévys-Lavieu, Gaspard de Lévy,
Antoine de Sève, Louis Tronson. Ils sont de noble naissance
et plusieurs jouent un rôle assez considérable dans l'Eglise.
Mais ils ne résident pas habituellement au prieuré. Ce bénéfice
leur donne un titre et quelques revenus ; ils lui rendent, en
échange, des services temporels et spirituels. Tels sont les commendataires, dont le type le plus accompli est sans contredit
M. Tronson, troisième supérieur de la Compagnie de Saint-
Sulpice ; nous ne tarderons pas à voir avec quelle conscience et
quelle charité il remplit tous les devoirs de sa charge envers le
prieuré de Chandieu.

Enfin, dans les *Notes historiques sur le Séminaire Saint-Irénée* nous avons indiqué, à plusieurs reprises, les faits principaux qui se rapportent à la troisième période. Inutile d'y revenir.

Entrons maintenant dans quelques détails concernant l'histoire religieuse de Chandieu.

3° RELIQUES DE SAINT DOMIN.

Les *Acta Sanctorum* des Bollandistes (juillet, tom. IV. pp. 126-
127) ont publié, sous les initiales du P. J. B. Sollier, une dis-
sertation bien peu solide sur la question de savoir si le martyr
saint Domnin ou Domny, dont les reliques étaient honorées à
Chandieu, ne serait pas le même dont la cathédrale du Puy
prétendait posséder le corps entier. Pour trancher cette contro-
verse délicate, le P. Sollier n'avait d'autres documents que des
notes prises à Chandieu par un de ses confrères, le P. Pierre-
François Chifflet. Or celui-ci, qui était venu sur les lieux, en
1625, pour interroger la tradition et les archives du prieuré,

n'avait pas même su reconnaître l'ordre chronologique des trois actes qu'on lui montra renfermés avec les ossements dans la châsse du bienheureux martyr (1). En corrigeant l'anachronisme qui rend inintelligible cette page des Bollandistes, nous pouvons exposer brièvement, avec une suite très naturelle, l'histoire des reliques de saint Domin.

Elles auraient été apportées à Manlieu, le 16 ou 19 juillet 889, puis, sans doute à l'époque de la fondation du prieuré, transférées à Chandieu où le prieur D. Pierre les avait enfermées dans une châsse, en 1143. Cette châsse, renouvelée par D. Astier prieur, dans le temps où Jean était abbé de Manlieu, fut plus tard ouverte par le prieur Jean de la Bâtie, avec le sacristain Jacques Boyer (2). Puis, le 5 juin 1496, grâce à la générosité du prieur Pierre de la Bâtie, elle fut remplacée par une châsse neuve. Enfin, celle-ci ouverte, comme nous l'avons dit, en faveur du P. Chifflet (1625), fut visitée par M. Louis Tronson, le 26 août 1651 (3). Accompagné de ses frères, Antoine et Guillaume, ce digne prieur reconnut et vénéra dévotement les reliques de saint Domin. Après avoir recueilli les dépositions de plusieurs témoins occulaires concernant les authentiques qui avaient disparu après le passage du P. Chifflet, il eut soin de dresser sur velin un procès-verbal qui se conserve encore aujourd'hui dans les archives de l'église paroissiale de Chandieu.

La Confrérie de Saint-Jacques

Nous trouvons aussi dans la correspondance de M. Tronson, quelques détails intéresssants sur la dévotion des habitants de Chandieu à Saint-Jacques-de-Compostelle. Depuis longtemps s'était formée parmi eux une pieuse confrérie en l'honneur du grand apôtre, et le seigneur prieur avait daigné mettre à la disposition des associés une chapelle qui lui appartenait, près du second pilier de l'église, à main droite. En 1616, ils avaient

(1) En effet, le P. Chifflet fixe à l'an 1396, au lieu de 1496, la translation ou lévation faite par D. Pierre de la Bâtie, et lui donne le second rang, au lieu du troisième qui lui appartient.

(2) Les Bollandistes font vivre Jean de la Bastie en 1445 ; le *Bulletin de la Diana* en 1345.

(3) *Semaine catholique de Lyon* (12 novembre 1880, pp. 1011-1013). Plusieurs erreurs se sont glissées dans ces trois pages.

fait faire et poser au-dessus de l'autel un tableau « à l'image de Saint Jacques avec des bourdons et coquilles tout autour ». En 1653, ils sont vingt (dont nous avons les noms), qui ont fait le pèlerinage de Saint-Jacques-en-Galice ; ils ont la dévotion de faire dire la sainte messe, dans cette chapelle, à toutes les bonnes fêtes de l'année, et de faire célébrer le 25 juillet, messe haute à diacre et sous diacre, avec procession solennelle matin et soir. Déjà, plusieurs des confrères qui sont allés de vie à trépas, ont fondé des messes dans ladite chapelle ; d'autres ont donné des ornements, acheté la lampe et fondé son entretien. Bref, la Confrérie possède depuis longtemps et jouit tranquillement, lorsque soudain, au mois de mars 1653, sans faire apparoir aucun titre ni permission, demoiselle Marie Callemard, veuve de M. Jean Ollagnier, conseiller du Roi, président du grenier à sel de Montbrison, ose tendre ladite chapelle en noir, apposer un banc devant l'autel et manifeste l'intention d'ériger un tombeau en cet endroit. En conséquence, tous les confrères adressent une requête à Messire Louis Tronson, conseiller et aumônier du Roi, à l'effet d'être maintenus dans leurs privilèges.

L'année suivante (novembre 1654) M. Tronson, faisant de nouveau la visite de son prieuré, essaie d'arranger cette affaire. Il permet bien à la veuve Ollagnier de poser une tombe de pierre dans la nef de l'église, à côté de la chapelle de Saint-Jacques, du côté de vent, et même d'orner de noir ladite chapelle, lors des enterrements, quarantaines et anniversaires des membres de cette famille, tout cela en considération des fondations faites par le défunt en son testament du 26 mars 1652. Il consent même autant qu'en lui est, que, dans la superscription de ladite tombe soit mis et gravé le nom et qualité de noble, avec le timbre, sans préjudice au prieur de ses droits de justice. Mais s'il autorise encore à placer un banc devant l'autel, c'est à charge de l'ôter depuis les premières vêpres de la Saint-Jacques jusqu'au surlendemain.

La veuve Ollagnier remercie, accepte les conditions imposées, en réservant seulement son droit de *committimus*, et fait à l'église une offrande de quinze livres (1).

Mais cette paix n'est pas de longue durée. Quelques années plus tard (5 juillet 1660), au nom de la Confrérie, qui compte actuellement trente membres, les deux principaux écrivent à « Mon-

----

(1) Acte signé le 10 novembre 1654.

seigneur Tronson », dont ils se disent les très humbles et très obéissant sujets, pour lui dénoncer les empiètements de la veuve Ollagnier. A l'occasion de la mort de son fils, elle s'est permis, durant dix jours entiers, de couvrir le tableau de Saint-Jacques avec un deuil ou tapis noir, aux armes du défunt.

Nous ignorons la suite de cette affaire, bien minime d'ailleurs. Il nous a paru néanmoins curieux de faire connaître cette dévotion des habitants de Chandieu.

LES PRÉBENDES ET LES FONDATIONS

En remontant au XIIIme siècle, nous trouverions déjà quelques libéralités princières en faveur de notre prieuré ; celle, par exemple, que fit dans son testament (1212) Vuillelma, épouse de Francon, et celle du comte Gui III, qui légua (1239) une rente annuelle de dix sols, pour son anniversaire, à prendre sur les cens de ses vignes *in villà Candiaci*.

Au XIVme siècle, le 17 octobre 1348, Vincent Benoît et Mathée Rémond, son épouse, fondèrent une prébende ou chapelle, appelée la Barbeat.

A une époque indéterminée, deux prébendes furent établies, l'une par Jeanne Ollier, l'autre par Guillaume des Orizets (*de Auriʒeto*). Cette dernière imposait la charge de donner une seconde messe, tous les dimanches et fêtes, à la paroisse d'Essertines. Elle finit par être transformée en un vicariat, à la veille de la Révolution.

La quatrième prébende, fondée par D. Pierre de la Bâtie, demandait résidence durant neuf mois. C'est encore lui sans doute qui créa la cinquième, connue sous le nom de Sainte-Croix-de-la-Hasche, « *capellam seu prœbendam de haschiâ nominatam, tituli sanctæ Crucis.* »

Enfin une sixième, dont les Plagnieu étaient collateurs, fut instituée, peu de temps après (13 janvier 1507), par discret homme, Messire Louis Plagnieu, presbtre de la paroisse de Saint-Bonnet-de-Coreaux, curé moderne de l'église paroissiale de Pralong, notaire public et tabellion authentique, député de l'autorité du Saint-Siège Apostolique, et ordinaire juré des Cours de l'Officialité de Lyon et du Forez. L'acte reçu Me André de l'Olme (ou de l'Orme), clerc de la paroisse de St-Georges-sur-Couzan, portait fondation d'une commission de deux messes, pour chaque semaine de l'année, l'une de *Requiem* le lundi, l'autre le vendredi en l'honneur de la Sainte-Croix. A la fin de chaque messe, le prébendé devait jeter de l'eau bénite sur la tombe du fondateur, avec une absolution, ou réciter le *De Profundis*, avec l'oraison accoutumée.

Mais, outre les six prébendes dont nous venons de parler, qui subsistèrent jusqu'à la Révolution, d'autres fondations avaient été faites dans l'église de Chandieu. L'on sait en effet que Anne Dauphine, duchesse de Bourbon et comtesse de Forez, donna, le 9 septembre 1416, « dix livres de pension sur la re-« cette et par le prévôt de Marcilly-le-Châtel, pour dire, tous les « mercredis de l'an, une grand'messe à note conventuelle, en « l'honneur de tous les saints et saintes du Paradis. »

Non moins généreux à l'égard des religieux et du curé de Chandieu, notre célèbre prieur D. Pierre de la Bâtie, par donation solennelle entre vifs, légua et donna à N. S. J. C., à la glorieuse Vierge Marie, sa mère, et aux glorieux martyrs, les bienheureux Sébastien et Domnin, patrons de l'église, au prieuré et aux prieurs de ce lieu, un étang situé au territoire de Lavallon et une maison, haute et basse, avec cave, sise *extrà vinterum*, sous les charges suivantes :

Le samedi de chaque semaine, après le chant de Prime, les religieux devraient célébrer, à l'autel de la sainte Vierge, une messe haute *de Beatâ* avec prose et suivie d'un *Libera*. Pour cet office ils recevraient chaque année, en deux termes, la somme de dix livres tournois, moins 7 sols et 6 deniers qu'il fallait remettre au sacristain pour frais de luminaire et d'encens.

Cet acte, passé le 11 juillet 1482, dans le chœur de l'église, lieu ordinaire des séances du chapitre, fut suivi d'un autre, dressé en la chambre du prieur, le 28 février 1485, qui ajoutait aux premiers fonds de la donation la moitié d'un étang sis au territoire de La Pra. Après enquête *de commodo et incommodo*, faite au nom de l'abbé de Manglieu, par le fr. Bertrand Molinard, pro-prieur du prieuré de Bard, et par Durand Pomayrol, notaire public, les religieux de la maison mère donnèrent leur approbation, le 4 mai 1486.

C'est évidemment sur cette donation de D. Pierre de la Bâtie, que prit modèle noble et égrégie personne Christophle de Lévys Ladvieu, comte, chanoine et maître du chœur de la grand'église de Saint-Jean de Lyon, prieur des prieurés de Firminy et de

Chandieu, quand, le 29 avril 1547, il fonda, au profit de
MM. les religieux et curé de Chandieu, une rente annuelle de
dix livres tournois, à prendre sur l'étang des Rivières, — à
charge de célébrer tous les jeudis, au maître autel de Saint-
Sébastien, une grand'messe du Corps N. S., laquelle sera annon-
cée par treize clas de la grosse cloche. La rente de dix livres
était payable en deux termes, sur chacun desquels le sacristain
retenait trois gros pour les chandelles. Inutile d'ajouter que
cette fondation fut agréée par les religieux assemblés en chapitre, au son de la *campania*, à la manière accoutumée.

L'hôpital.

La piété véritable ne vit que par la charité et la charité n'est
pas une vertu inactive. Aussi, après avoir donné généreusement
pour le culte divin, D. Pierre de la Bâtie fut-il encore plus libé-
ral envers les pauvres. Sans rien épargner, ni l'argent ni les
soins, il voulut créer un petit hôpital pour douze vieillards
sexagénaires, dont huit paroissiens de Chandieu et quatre
d'Essertines. Il en fit même son œuvre de prédilection et s'y
employa, durant les vingt dernières années de sa vie, avec
autant de zèle que d'intelligence.

Désireux de mettre son établissement sous la protection du
Saint-Siège, il commença par solliciter l'approbation du Sou-
verain-Pontife. Innocent VIII, par une bulle donnée le 4 des
ides de février 1488, autorisa l'entreprise sous les conditions et
avec les privilèges ordinaires, en permettant spécialement de
construire cet hôpital, de le meubler et de le doter, pour une
valeur de trois mille ducats d'or, puis de faire tous les règle-
ments utiles pour l'administration des biens et pour la conduite
des pauvres (1).

Dans cette bulle, *Petrus de Bastitiâ* est qualifié « docteur-ès-
décrets, prieur titulaire du prieuré conventuel de Chandieu, de
l'ordre de saint Benoit, et en même temps, en vertu d'une dispense apostolique, prieur commendataire des prieurés de Bard
et de Sail-en-Cozant, de l'ordre de Cluny, au diocèse de Lyon ».

Bientôt le charitable prieur se mit à l'œuvre. Puis, une fois
les constructions achevées, il voulut doter la maison et tracer

---

(1) Pour les détails de l'exécution, commission fut confiée par le Pape
à l'official de Lyon, dont les lettres sont en date du 13 juillet 1490.

le règlement de l'Institution. C'est ce qu'il fit par acte du pénultième d'août (3o août) 15oo, par-devant deux notaires apostoliques, Louis Plaignieu, prêtre de Saint-Bonnet-le-Courreau, et Thomas Thivet, prêtre de Chandieu, en présence de plusieurs témoins : Michel Perrin, prêtre de Saint-Just-en-Bas, Hugues Simon, prêtre de Saint-Bonnet-le-Courreau, noble Louis de la Bâtie le jeune, Jean Marquet l'aîné, de Chandieu, Jean Maillet, du lieu de Barges, et Jean Girin, de Savigny.

L'acte commence par une invocation à la Sainte et indivisible Trinité, à la très glorieuse Vierge Marie, aux illustres martyrs Sébastien et Domnin et à toute la hiérarchie céleste (1).

Puis le fondateur dresse le règlement, en douze articles principaux, que nous allons résumer le plus brièvement possible, au risque d'émousser leur pointe d'originalité.

Les douze pauvres sexagénaires, de l'un ou l'autre sexe, doivent être choisis, autant que possible, huit dans la paroisse de Chandieu et quatre à Essertines. A la rigueur, après deux publications faites à l'offertoire de la messe paroissiale de Chandieu, on peut modifier ces conditions, c'est-à-dire abaisser l'âge requis à cinquante ans et même admettre des étrangers.

Chaque place est perpétuelle, mais aussi incessible.

Les collateurs doivent nommer gratis.

Comme l'oisiveté est grandement ennemie de l'âme, les douze pauvres travailleront, autant qu'ils en seront capables, sous la conduite du recteur, les hommes dans les vignes et les champs, les femmes au jardin et au ménage.

Les collateurs sont : pour les quatre pauvres d'Essertines, le prieur de Chandieu, la famille Louis de la Bâtie, le curé de Chandieu et le curé de Pralong. Quant aux huit pauvres de Chandieu, ils sont nommés, deux par le prieur, deux par la famille de la Bâtie, et les autres par le sacristain, le luminier et les deux prébendés de l'église de Chandieu (2).

En cas de négligence de la part des susdits collateurs, la nomination à une place vacante serait dévolue aux pauvres de l'hôpital, prononçant à la majorité des voix, et ensuite, s'il y avait lieu, à l'archevêque de Lyon et au Saint-Siège.

---

(1) M. R. du Mesnil, ou son imprimeur, ont fait là une curieuse coquille, en traduisant « *totius hierarchiæ cælestis* » par « Trétarchie forésienne » ! (*Bulletin de la Diana*, p. 213).

(2) D. Pierre de la Bâtie parle ici des deux prébendés qu'il avait lui-même institués.

Les susdits collateurs devront, tous les trois ans, à la fête des Saints-Innocents, nommer un recteur, clerc ou laïque. Celui-ci aura le gouvernement et l'administration de la maison, avec l'assistance ou conseil de quelques-uns des pauvres ; et le même jour, chaque année, il sera tenu de rendre ses comptes en pré-sence des collateurs et de deux pauvres désignés par les autres pensionnaires de l'hôpital. A son entrée en charge, il prêtera serment et fera un inventaire de tous les biens de l'Établisse-ment ; après trois ans d'exercice, ses fonctions ne pourront lui être continuées que du consentement des nominateurs et des pauvres.

Les biens meubles des pauvres qui mourront à l'hôpital appar-tiendront à la maison.

Les pauvres sont exhortés à dire chaque jour pour le fonda-teur et ses parents un *Pater* et *Ave Maria*, ou le psaume *De profundis*, avec une oraison des défunts. Chaque année, le recteur et les pauvres feront célébrer, à l'anniversaire de sa mort, une messe haute de *Requiem*, dans la chapelle qu'il a fait construire près du colombier et par les deux prébendés qu'il a institués et qui recevront chacun quinze deniers tournois (1).

Il recommande à la charité du recteur et des pauvres les mal-heureux passants, auxquels on devra donner le gîte, au moins une nuit, pourvu qu'ils ne soient pas atteints de quelque mala-die contagieuse.

Cet hôpital étant fondé en l'honneur de Dieu et sous la pro-tection du bienheureux Sébastien, qui est craint et honoré des gens de guerre, chaque pauvre devra porter, sur le côté droit de la poitrine, une petite flèche, en étoffe rouge, longue d'un demi-pied, fixée et cousue sur son vêtement (2).

(1) Cet article nous indique incidemment l'époque précise où fut cons-truite la chapelle, à droite du portail, proche du colombier *ecclesia seu ca-pella ab ipso propè gallinariam fundata.* M. de Soultrait avait parlé du XVe siècle, M. du Mesnil, nous ne savons pourquoi, de la fin dn XIVe, Pour nous, il est certain qu'elle fut élevée entre les années 1480 (ou environ, commencement de l'administration du prieur D. Pierre de la Bâtie) et 1488, date de la mort du cardinal de Bourbon, archevêque de Lyon ; car, on y remarque son écusson et des fleurs de lys, chargées du bâton de Bourbon.

(2) M. R. du Mesnil a traduit croix, au lieu de flèche. Pourtant la flèche est bien la caractéristique de saint Sébastien et d'ailleurs le texte est très explicite : « *vult et ordinat... quod singuli pauperes... in pectore dextro eorum tunicæ teneantur et debeant deferre unam parvam sagittam panni rubri, de longitudine medii pedis, in dictâ tunica affixam et consutam.*

Le bruit s'étant répandu que le recteur et les pauvres pourraient, dans la suite, acquérir divers fonds dans le mandement de Chandieu et diminuer d'autant le patrimoine des habitants, le fondateur, afin de rassurer la population, veut et ordonne que l'hôpital ne puisse jamais acheter aucun immeuble dans les limites de la juridiction du prieuré.

Enfin les pauvres doivent obéir au recteur et ne point sortir de la paroisse sans sa permission.

A la suite de ce règlement qui témoigne également d'un profond respect et d'une ardente charité envers les pauvres, Pierre de la Bâtie donne une valeur de mille écus d'or à son cher hôpital, en lui assignant différents fonds, possessions, rentes et revenus, sur vingt-cinq articles, à Saint-Paul-d'Uzore, à Boën, La Bouteresse, Arthun et Chandieu (aux territoires d'Archimbaud, de Malvaure, Dubreuil et Lavallon) (1).

4º Charges et revenus du Prieuré. — Revenus du Curé.

Nous avons pris plaisir à donner quelques détails sur la vie religieuse de Chandieu. Sans doute l'histoire temporelle du prieuré nous fournirait plus ample matière ; mais, sous ce rapport, il y a tant d'analogies entre les bénéfices de même nature que nous devrions souvent répéter ici ce que nous avons écrit de Firminy. Il suffira donc de signaler les particularités les plus importantes.

Au commencement du XVIᵉ siècle, la ceinture de la dîmerie et de la directe du prieuré était beaucoup plus étendue qu'à la fin du XVIIIᵉ. Car M. Picquet, directeur du Séminaire Saint-Irénée, faisant, en 1780, la comparaison de la liève de 1778 avec le terrier Pont et Revenier de 1521, constatait la perte de 148 reconnaissances, en 595 articles, dans 17 paroisses différentes, savoir : les paroisses entières de Saint-Marcellin, Saint-Laurent-la-Conche, Chazelle-sur-Lavieu, Lérignieux, Marcilly-le-Châtel, Marcoux, Sauvain, Saint-Georges-sur-Couzan, Saint-Laurent-en-Solorre et Trélins ; puis 4 hameaux, à Chalain-d'Uzore, 4 à Mornant-en-Forez, 5 à Savignieux, 8 à Essertines, 8 à Roche, 4 à Saint-Just-en-Bas et 2 à Sezai. De telle sorte, ajoute M. Picquet, que, tout compte fait, 36 paroisses avaient relevé autrefois.

(1) Toute cette pièce, que M. R. du Mesnil appelle le testament de Pierre la Bâtie, est simplement un acte de fondation.

du moins en partie, de la directe du prieuré et lui avaient payé
des droits seigneuriaux. Il faut toutefois noter que la manse primitive de Chandieu avait été moins considérable ; elle s'était
accrue, vers 1480, de toute celle du prieuré d'Essertines, lorsque
ce bénéfice eut été supprimé.

Ce fut sans doute au milieu des troubles de la Réforme et des
guerres de Religion, grâce à l'éloignement des prieurs commendataires, qu'une foule de tenanciers réussirent à se soustraire à
leurs obligations.

Quoi qu'il en soit, voici quels étaient, en 1777, les revenus
du prieuré de la sacristie de Chandieu :

1º Les rentes nobles, cens, servis portant lods et milods, valent,
année commune, 500ˡ.

2º Les dîmes se lèvent et perçoivent dans les paroisses de
Chandieu, Essertines et Pralong, sur le froment, le seigle,
l'orge, l'avoine, le chanvre, les vignes et les agneaux. — En
réalité pour les paroisses de Chandieu et d'Essertines, la dîme
des grains donne, année commune, cent setiers de seigle et dix
de froment (le setier valant seize bichets ou boisseaux, et le
boisseau pesant trente-trois livres). La dîme du vin donne cent
cinquante asnées à Chandieu et trente environ dans les paroisses
d'Essertines, de Pralong et de Saint-Laurent-la-Conche. —
Quant au charnage, il ne rapporte pas plus de soixante livres ;

3º La leyde de la foire Saint-Sébastien mérite à peine d'entrer
en ligne de compte ;

4º Les pressoirs banaux pour cinquante livres environ ;

5º Une rente annuelle de cent livres pour l'abénevis des bois
de Larpt et de la Garde ;

6º Un domaine consistant en bâtiments, prés, terres, vignes,
étangs, garennes, bois, jardin et colombier.

A la même époque, les charges du prieuré consistent en six
articles principaux :

1º Au seigneur de Chalains, pour quelques terres situées dans
le petit étang, on doit, à titre de cens et servis : un sol, un
bichet froment, trois demi-bichets de seigle, un bichet d'orge
et un quart de chapon ;

2º On donne vingt bichets de seigle au curé de Pralong, qui
est nommé par le prieur ;

3º Le curé d'Essertines, qui est pareillement à la nomination
du prieur, reçoit cinq cents livres par année, pour sa portion
congrue ;

4º Une rente de trois cents livres à l'abbaye de Manglieu ;

5º Depuis la suppression de la sacristie, le prieur est chargé d'entretenir la lampe de l'église paroissiale. Il fait aussi les frais des rogations, pour lesquels il remet quatre livres à M. le curé. Il paye également les dépenses de la cène du Jeudi saint, savoir : cinq cents michons de trois deniers pièce, dix-huit sols pour les douze apôtres et une chopine de vin pour la collation de MM. les prêtres ;

6º Enfin, il donne au curé et au vicaire de Chandieu une somme de trois cent vingt livres avec les denrées suivantes : vingt-quatre bichets de froment, cent soixante-huit de seigle, seize asnées de vin, mesure de Montbrison, et deux cents bottes de paille. A ce sujet, nous pourrions faire une étude assez curieuse. A quels besoins correspondait telle quantité de denrées ? Par suite de quels arrangements fut-elle ainsi déterminée ? C'est ce que nous apprend, en quelques mots, une sentence du présidial de Lyon (14 juin 1578), touchant la pension de Jacques Miet, curé de Chandieu. En effet, cet arrêt pose en principe que le curé doit recevoir d'abord la pension monacale, « telle que ung religieux la prend, » savoir : un sextier froment, deux sextiers scigle, sept asnées et ung barral vin pur, le tout mesure de Chandieu, avec six livres tournois pour pitance ; et oultre ce, une autre pension à peu près égale, comprenant : trois septiers bled, tant froment que seigle, huict charges de vin pur, ung sol tournois pour chascun jour et dix livres tournois pour le vestiaire. »

1884. — Imp. A. Waltener et Cie, rue Bellecordière, 14, Lyon.

TABLE DES MATIÈRES

Appendice sur les Prieurés de Firminy et de Chandieu

9 782329 666051